ÉDILITÉ PARISIENNE.

VUES ADMINISTRATIVES D'ENSEMBLE

EN

CONSIDÉRATION DES BESOINS DE L'AVENIR.

ÉDILITÉ PARISIENNE.

VUES ADMINISTRATIVES D'ENSEMBLE

EN

CONSIDÉRATION DES BESOINS DE L'AVENIR.

Faciliter la circulation au centre, assainir, régénérer les vieux quartiers, améliorer, embellir partout.

PARIS.
IMPRIMERIE DE VINCHON,
RUE J.-J. ROUSSEAU, 8.

1843.

ÉDILITÉ PARISIENNE.

VUES ADMINISTRATIVES D'ENSEMBLE

EN

CONSIDÉRATION DES BESOINS DE L'AVENIR.

NÉCESSITÉ D'UN NOUVEAU SYSTÈME D'ÉTUDE DES TRAVAUX DE GRANDE VOIRIE.

La ville de Paris emploie chaque année une somme considérable en travaux d'amélioration de la voie publique.

En ma qualité de membre du Conseil Municipal, et surtout comme membre de la commission permanente de la grande voirie, j'ai concouru depuis cinq ans à l'examen spécial de tous ceux de ces travaux exécutés ou proposés par l'Administration.

J'ai eu ainsi l'occasion et le regret de remarquer que, en général, ils ne sont pas suffisamment étudiés dans des vues d'ensemble et d'intérêt général, et que les propositions dont ils sont l'objet semblent suggérées par l'intérêt de localité plutôt qu'être la conséquence d'un système rationnel arrêté à l'avance.

Lors du vote du fonds de grande voirie au budget de 1840, et à propos de ce vote, je fus autorisé à présenter au Conseil Municipal, au nom de la commission d'examen des dépenses, un rapport dans lequel je signalai les inconvéniens qui me semblaient résulter de la marche jusqu'alors suivie. Ce rapport contenait la proposition d'émettre le vœu qu'il fût fait une étude générale, et dans des vues d'ensemble et d'avenir, des améliorations de la voie publique les plus nécessaires et les plus urgentes, et qu'à cet effet il fût formé, *sous la présidence de M. le Préfet de la Seine*, une commission composée des personnes les plus compétentes en matière de grande voirie, soit par leurs fonctions, soit par leurs connaissances spéciales en cette matière.

Le Conseil crut devoir laisser à l'Administration le choix des moyens de procéder à cette étude. Il se borna à lui demander de *s'en occuper activement*, par une délibération du 1er août 1839, prise à la suite de mon rapport. Cependant, au mois d'octobre suivant, lors de la session du Conseil Général de la Seine, rien n'annonçait que l'Administration eût pris en sérieuse considération le vœu émis dans la délibération précitée.

Plusieurs de mes collègues pensèrent alors qu'il pouvait être utile que le Conseil Général appelât l'attention du Gouvernement sur les questions soulevées dans mon dit rapport.

En examinant de plus près ces questions, ils s'étaient d'ailleurs rendu compte qu'à côté de l'intérêt municipal immense qu'elles présentent, il s'y rattache, ainsi que je m'étais borné à l'indiquer, un intérêt national et politique non moins important. D'un autre côté, ils furent d'avis que, pour faciliter les mesures les plus propres à remédier d'une manière efficace à l'encombrement des rues de Paris, et au déplacement de la population qui en est l'une des plus fâcheuses conséquences, il pourrait y avoir lieu d'apporter quelques modifications à la loi du 7 juillet 1833 sur l'expropriation pour cause d'utilité publique.

Ils proposèrent en conséquence la délibération du 29 octobre dernier, qui fut adoptée à l'unanimité par le Conseil Général.

Cette délibération ayant été immédiatement transmise à M. le Ministre de l'Intérieur, donna lieu, presque aussitôt, à la formation de la commission chargée de rechercher les moyens de satisfaire au vœu ainsi émis par le Conseil Général.

Appelé à l'honneur de faire partie de cette commission, je me crois d'autant plus obligé à exposer mes idées sur quelques unes des questions dont elle doit s'occuper, que j'ai été le premier à en provoquer un examen spécial.

Si j'ai bien compris le but qu'il s'agit d'atteindre, la tâche de la commission consisterait principalement :

1° A étudier un système d'amélioration de la grande voirie, au moyen duquel on parvienne à faciliter la circulation devenue si pénible et si dangereuse dans certaines rues de Paris; à assainir et à embellir quelques quartiers ignobles et malsains; à rendre le service de sûreté plus facile, plus efficace et moins dangereux;

2° A rechercher les moyens les plus propres à empêcher que la population riche, et que le commerce qui tend toujours à s'en rapprocher, ne continuent à se porter du centre de Paris vers l'une de ses extrémités, et ne dépassent bientôt le mur d'enceinte;

3° A étudier enfin comment la vie, l'activité et la prospérité pourraient être rappelées dans quelques quartiers dont la souffrance et la misère contrastent si péniblement avec la richesse et le luxe de quelques autres quartiers.

Je n'entreprendrai pas de traiter ces questions avec tout le développement dont elles sont susceptibles ; un volume entier suffirait à peine à chacune d'elles ; je me bornerai à exposer sommairement les principales considérations sur lesquelles repose l'opinion que je m'en suis formée.

COUP D'OEIL SUR PARIS ET SUR SON AVENIR.

Il me semble utile de jeter d'abord un coup d'œil sur l'ensemble de Paris, et d'appeler l'attention sur son état actuel et sur ce qu'il est appelé à être dans un prochain avenir.

La ville de Paris, sous le rapport des lettres, des sciences et des arts, est la première ville du monde. On ne trouve nulle part autant de moyens réunis de se livrer à leur étude.

Paris seul offre un assemblage de tout ce qui peut élever l'esprit, satisfaire le goût et flatter les sens.

Paris est à la fois une ville de luxe, de plaisirs, et une ville de commerce et d'industrie.

Il n'est pas en Europe un seul homme politique, pas un savant, pas un artiste distingué, pas un grand industriel, pas une personne de la classe qu'on appelle le monde, qui puisse se dispenser de visiter, de connaître Paris.

Tout ce que produit Paris en tout genre est partout l'objet d'une prédilection particulière. En province et à l'étranger, rien n'est de bon goût, rien n'est de mise et de bon ton, rien n'est de mode en un mot, à l'égal de ce qui vient de Paris.

Aussi Paris, qui n'était d'abord qu'une ville de consommation, est-il devenu en outre une ville de commerce, de fabriques et de manufactures.

Chaque jour voit arriver à Paris une nouvelle industrie; les hommes de goût et de génie, dans chaque spécialité, ne se contentent plus de tenir dans une ville de province le premier rang; dès qu'ils y sont parvenus, ils éprouvent le besoin de venir montrer leur supériorité sur un théâtre qui a constamment le monde entier pour spectateur.

Tout semble donc concourir à attirer de plus en plus à Paris une immense population; et il faut ajouter au nombre de ces causes d'attraction la centralisation administrative, les expositions périodiques des produits de l'industrie, les immenses travaux qui s'exécutent, et les facilités de communication.

Que sera-ce donc si des chemins de fer s'établissent de Paris dans toutes les directions? et je ne mets pas en doute qu'ils ne s'établissent un peu plus tôt ou un peu plus tard.

Il est évident qu'alors toute la population des provinces voudra visiter Paris, et chacun sait combien le séjour de cette capitale est séduisant, et combien il est difficile à certains esprits, à certaines organisations, de s'en arracher après en avoir goûté les plaisirs.

Il en résulte infailliblement que la population de Paris, qui s'est accrue de plus de 100,000 âmes de 1831 à 1836, c'est-à-dire dans une période de cinq ans, doit s'accroître très prochainement dans une proportion beaucoup plus grande encore.

C'est donc en vue de l'avenir, dont les besoins seront bien plus exigeans que ceux du présent, que doivent être étudiées et combinées les améliorations de la voie publique et les mesures de sûreté et de salubrité si vivement et si généralement réclamées déjà depuis longtemps.

LIMITES DE PARIS.

Mais voyons d'abord si les limites de Paris comportent une augmentation nouvelle de sa population.

Il n'y a guère qu'un demi-siècle que l'étendue de Paris a été presque doublée. Seulement cette extension fut peu sensible pour la partie de la ville située sur la rive gauche de la Seine, tandis que du côté du nord les limites fixées par la déclaration du 18 juillet 1724, aux boulevarts intérieurs, appelés alors le rempart, furent reportées aux boulevarts extérieurs. Le mur d'enceinte, établi par les fermiers généraux, touchant par un point à la butte Montmartre, et par un autre point à la montagne de Belleville, semble avoir été placé de ce côté aux limites naturelles du bassin de la Seine qui contient Paris.

Ainsi, cette grande mesure du déplacement des limites de Paris fut aussi large que possible, et devait, selon les prévisions de l'époque, répondre à tous les besoins de l'avenir.

Il est arrivé cependant que cette extension, donnée presque exclusivement d'un seul côté à l'assiette de la ville, semble l'avoir fait pencher de ce côté; et que, loin de s'étendre progressivement vers toutes ses extrémités, la population s'est principalement portée sur le point incliné, par lequel, semblable à un fluide, elle est prête à se répandre hors du vase qui la contient.

Mais de ce que le vase est débordé, il ne suit pas qu'il soit plein. Il suffirait d'en rétablir l'équilibre pour que le fluide reprît son niveau et pût s'accroître pendant longtemps encore, sans danger d'un nouveau débordement.

Pour se rendre compte des mesures administratives les plus propres à rétablir l'équilibre si désirable, il faut d'abord examiner quelles sont les autres causes qui ont concouru à le rompre.

PRINCIPALES CAUSES DE LA RUPTURE DE L'ÉQUILIBRE ENTRE LES DEUX RIVES DE LA SEINE.

J'en vois deux principales desquelles me semblent dériver toutes les autres.

La première et la plus importante a sa source dans l'usage qui s'est établi de temps immémorial, de réunir sur un seul point placé sur la rive droite de la Seine (« entre l'ancienne ville de Paris et quelques bourgs qui » depuis y ont été joints, selon certain historien »), les approvisionnemens journaliers de la Ville, en fait de légumes, de fruits et de comestibles.

Alors qu'il n'existait de marché particulier sur aucun autre point de la Ville, alors que les femmes de la classe bourgeoise tout entière s'occupaient par elles-mêmes des soins de leur cuisine, et du choix de leurs provisions, il est hors de doute, en effet, qu'on dut attacher un grand prix à se loger à proximité du lieu où tous les approvisionnemens étaient exposés en vente, et où ces dames étaient journellement obligées de se rendre.

Il y avait par suite un immense intérêt pour la classe commerçante à se rapprocher le plus possible d'un lieu si fréquenté; aussi est-ce dans les environs de ce lieu que s'établirent bientôt les halles pour toutes les branches de commerce.

Piganiol de la Force dit, dans son *Histoire de Paris* publiée en 1742, « que ces halles s'étaient si considéra-
» blement agrandies, que sous le règne de Henry II, non
» seulement les marchands et les artisans de Paris de
» toutes les vocations y avaient chacun leur halle à part,
» mais même les marchands de Saint-Denis, de Gonesse,
» de Lagny, de Pontoise, de Beauvais, de Bruxelles, de
» Louvain, de Douai, etc., y avaient aussi les leurs. »

Il ajoute : « Henry II acheta toutes les halles qu'il fit
» bientôt jeter par terre pour faire élever sur leurs ruines
» celles que nous y voyons, qui ne tardèrent pas à être
» achetées bien chèrement par une foule d'acquéreurs. »

Il dit enfin, dans un autre passage : « Les halles de
» Paris sont sans doute le plus riche marché qu'il y ait
» au monde, car on y trouve tout ce que l'air, la terre
» et l'eau produisent de plus nécessaire ou de plus agréa-
» ble aux sens, mais c'est aussi le plus vilain et le plus
» malpropre des quartiers de Paris; il ressemble, en
» grand, aux quartiers qu'occupent les juifs dans les
» villes où on les souffre. »

On peut juger par ces citations de l'avantage que le commerce avait trouvé à s'établir, à se grouper, à se serrer autour de la halle d'approvisionnement en victuailles. Tel fut certainement le principe de ce que j'appellerai *le centre d'activité*; et l'on sait qu'il s'est successivement accru et développé au point que, dès 1784, il occupait presque entièrement l'espace compris entre la Seine et les portes Saint-Denis et Saint-Martin, limites de la ville à cette époque.

Une deuxième et principale cause de cette prospérité de la rive droite de la Seine et de la rapidité de son envahissement par la population, tandis que la rive gauche est demeurée languissante et en partie déserte, tient essentiellement à ce que cette dernière portion de la ville se trouve séparée *du centre d'activité* par la rivière, et à ce qu'elle n'a été mise en communication avec ce centre d'activité que sur un très petit nombre de points.

Cette communication *directe* et *libre* n'existe en effet que par le pont Notre-Dame, le Pont-au-Change, le Pont-Neuf et le Pont-Royal; aussi est-ce seulement au débouché de ces ponts qu'on trouve un peu de vie et d'activité sur la rive gauche, lorsque les autres parties, privées de cette communication directe, n'ont pu prendre aucune part à la prospérité générale dont jouit la rive droite.

Telles furent certainement les deux principales causes auxquelles il faut attribuer l'état des choses qui obligea à étendre considérablement les limites de Paris, sur la rive droite de la Seine, en 1785, avant que les espaces restés libres sur la rive gauche ne fussent occupés.

Cette grande mesure, ainsi que je l'ai dit, acheva de rompre l'équilibre au moyen duquel seul le bien-être et la prospérité pouvaient s'étendre sur tous les quartiers d'une même ville, contribuant tous aux mêmes charges et ayant droit tous à la même protection.

Cependant, au lieu de chercher un contre-poids à l'influence de cette mesure en plaçant sur la rive gauche de la Seine quelques uns de ces établissemens qui sont un élément de prospérité pour les quartiers où ils sont situés et qui attachent les populations, il est à remarquer que presque tous ceux qui ont été créés depuis cette époque ont été placés sur la rive droite.

La construction de la Bourse est venue, en dernier lieu, rompre l'équilibre dans un autre sens et faire refluer la population qui tendait à couvrir toute la rive droite vers l'extrémité nord-ouest de cette grande partie de la ville, au préjudice des quartiers placés à l'est, menacés du même sort que ceux de la rive gauche. On sait en effet que le centre d'activité, longtemps placé au centre de la rive droite, se trouve aujourd'hui déplacé lui-même, attiré qu'il est par le voisinage de la Bourse, du tribunal et de la chambre de commerce, et poussé par l'encombrement devenu insupportable et dangereux, des rues étroites de l'ancien siége de ce centre d'activité.

On a démontré, dans de nombreux écrits, tout ce que ce déplacement du centre d'activité pouvait entraîner de préjudice pour les intérêts municipaux, tout ce qu'il avait de fâcheux sous le rapport de la circulation, tout ce qu'il pouvait porter de perturbation dans les fortunes des particuliers, tout ce qu'il avait de dangereux sous le rapport politique; et partant on a suffisamment établi que l'Administration avait le devoir impérieux d'apporter un remède à un état de choses aussi subversif.

C'est en vain qu'on a cherché à reculer l'examen des immenses questions qui se rattachent à cet état de choses en niant le déplacement de la population.

Les calculs statistiques auxquels on s'est livré à ce sujet (1), pour démontrer que de 1817 à 1836 il y aurait eu augmentation de population dans presque tous les quartiers de Paris, sont contraires à l'opinion qu'on voudrait faire prévaloir.

Il résulte, en effet, du rapprochement des états de recensement à ces deux époques, que l'accroissement de la population pendant la période de dix-neuf ans qui s'est écoulée entre elles, a été de 30,000 ames sur 52,000 pour le premier arrondissement; de 35 sur 65 pour le 2e ; de 12 sur 44 pour le 3e ; de 25 sur 56 pour le 5e ; de 21 sur 72 pour le 6e; tandis qu'il n'a été que de 3,000 sur 46,000

(1) Note du chef du bureau de la voirie.

pour le 4ᵉ arrondissement ; de 12 sur 56 pour le 7ᵉ; de 19 sur 62 pour le 8ᵉ; de 4 sur 42 pour le 9ᵉ; de 7 sur 81 pour le 10ᵉ; de 6 sur 51 pour le 11ᵉ; et de 2 1/2 seulement sur 80 pour le 12ᵉ.

L'élévation du nombre des patentés dans tous les arrondissemens, dont on croit se faire aussi un argument, prouve seulement que les loyers ont augmenté partout ; car il est à remarquer que ce nombre s'est considérablement accru dans les 2ᵉ et 3ᵉ arrondissemens, où la population indigente a le plus diminué, et qu'au contraire il est presque resté stationnaire dans les 4ᵉ, 9ᵉ et 12ᵉ arrondissemens qui ont seuls une augmentation de population indigente.

Quant aux électeurs, le chef du bureau des élections s'exprime ainsi dans une note communiquée : « Sur les » 374 électeurs qui, l'année dernière, ont changé d'ar- » rondissement par quelque motif que ce soit, 147 ve- » nant des 4ᵉ, 5ᵉ, 6ᵉ, 7ᵉ, 8ᵉ, 9ᵉ, 10ᵉ, 11ᵉ et 12ᵉ arron- » dissemens, sont arrivés dans les 1ᵉʳ, 2ᵉ et 3ᵉ par suite » du mouvement de la population vers le nord-ouest ; et » je remarque que si un commerçant, en quittant son » domicile, ne s'établit pas dans l'arrondissement voisin, » il va de préférence s'installer dans les 2ᵉ et 3ᵉ collèges.»

Les faits sont donc d'accord avec la notoriété publique, et il demeure constant que le centre d'activité s'est déplacé et a marché d'une manière sensible vers le nord-ouest depuis quelques années, et que des rues Saint-Martin, Saint-Denis et Saint-Honoré, il s'est déjà avancé jusqu'au boulevart des Italiens, s'il ne l'a dépassé.

Il n'est pas moins constant et avéré que la population riche qui fuit les quartiers bruyans, marche dans la même direction, et que les extrémités des 1ᵉʳ, 2ᵉ et 3ᵉ arrondissemens se couvrent de constructions propres à la recevoir. Ce qui est officiel et par conséquent incontestable, c'est que les communes rurales qui touchent à ces extrémités de Paris, reçoivent chaque année un nombre considérable de Parisiens qui vont y établir leurs domiciles, et forment déjà l'avant-garde de la masse de la population qui s'avance de ce côté.

De pareils faits sont trop significatifs pour qu'il soit besoin d'entrer dans des détails qui viendraient par milliers confirmer la réalité d'un mouvement qui tend à porter le centre d'activité de Paris vers l'une des extrémités de cette ville, au préjudice des quartiers qui occupent les extrémités opposées.

On sait qu'en effet ces derniers quatiers sont à ce centre d'activité ce que les membres sont à l'estomac, et que dès lors ils ne peuvent continuer à en recevoir le principe de vie et le mouvement, qu'autant qu'ils resteront en communication facile avec lui.

Je ne répète pas tout ce qui a été dit sur les immenses inconvéniens qui résulteraient dans le cas contraire de la désertion inévitable et prochaine de ces quartiers, sur les monumens publics qui y resteraient bientôt isolés de toute habitation, sur le pavage, l'éclairage, le balayage des rues et l'écoulement des eaux, auxquels il faudrait continuer de pourvoir, en même temps que tous ces services devraient se créer par double emploi dans les nouveaux quartiers où se serait portée la population.

Je ne parle pas des changemens de circonscription qu'entraînerait cette désertion, ni des écoles, des mairies, des églises nouvelles à construire, et de la perturbation qui en résulterait dans tous les services. Je laisse à chacun le soin de réfléchir sur les dépenses municipales auxquelles on serait ainsi entraîné.

Je me bornerai à rappeler que le devoir de l'administration municipale est de protéger avec impartialité les intérêts de tous les citoyens, qu'elle doit étudier sans cesse quels sont les élémens de prospérité propres à chaque quartier, qu'elle doit en favoriser le développement par de sages mesures administratives, qu'elle doit avoir à cœur de faire participer tous les quartiers de la ville aux améliorations qu'elle exécute, en les répartissant entre eux d'une manière équitable ; que, loin de les accumuler et de les porter jusqu'au luxe dans les quartiers les plus riches, elle doit en gratifier de préférence les quartiers pauvres et malsains ; qu'elle doit principalement porter sa sollicitude sur ceux éloignés du centre d'activité, et rechercher les moyens de faire arriver jusqu'à eux la vie qui découle de ce centre, en établissant de là aux extrémités des communications libres et faciles.

C'est alors, mais alors seulement, qu'elle aura, par suite de cette étude, procuré à chaque arrondissement le plus de bien-être possible, qu'elle aura rempli la tâche que lui impose la confiance qui lui est accordée.

Il est donc nécessaire, pour bien apprécier les mesures par lesquelles on pourrait ainsi satisfaire aux vœux légitimes des douze arrondissemens, c'est-à-dire de l'ensemble de Paris, de jeter un coup d'œil sur la position respective actuelle de chacun de ces arrondissemens.

J'ai recueilli à cet effet dans un tableau par arrondissement, placé à la suite de ce travail, des renseignemens statistiques de nature à bien faire connaître cette position sous de nombreux rapports.

J'examinerai seulement ici successivement et aussi rapidement que possible, quels sont les principaux élémens de prospérité particuliers à chacun desdits arrondissemens, et quelle est leur position par rapport au centre d'activité.

1er *Arrondissement.*

Le premier arrondissement, qui renferme les Tuileries, la place Louis XV, les Champs-Elysées, le boulevart de la Madeleine, et qui est bien percé et bien construit, est généralement habité par la classe riche à laquelle aucune autre partie de la ville n'offrirait plus d'agrémens. On peut donc compter qu'elle y est attachée à toujours. Elle seule suffirait à assurer la prospérité de cet arrondissement, à laquelle viennent encore contribuer un grand nombre d'établissemens universitaires qui tendent à s'y multiplier, et un commerce de détail florissant qui tend aussi à s'y propager dans toutes les principales rues.

Cet arrondissement est doté des établissemens publics suivans :

Les marchés d'Aguesseau et de la Madeleine, le marché à charbon et l'abattoir du Roule, la manutention des vivres militaires, la caserne de la Pépinière, l'hospice Sainte-Perrine, l'hôpital Beaujon, le collége Bourbon, l'État-Major de la place, le Timbre, le Garde-Meuble, les ministère de la marine, des affaires étrangères, de la justice, le ministère des finances et toutes les administrations qui en dépendent, et enfin la tête du chemin de fer de Saint-Germain et de Versailles.

Sa position, par rapport au centre d'activité, est avantageuse, puisqu'il y communique à la fois par la rue Saint-Honoré, par le boulevart, par la rue Neuve-des-Petits-Champs et par la rue Neuve-Saint-Augustin.

2ᵉ *Arrondissement.*

Le 2ᵉ arrondissement est aussi généralement bien construit, bien percé, et dans un état d'assainissement satisfaisant.

Il est habité par un très grand nombre de maisons riches, et notamment par les notabilités financières. La partie la plus brillante du centre d'activité occupe les quartiers de cet arrondissement, situés en dedans des boulevarts Montmartre et des Italiens, et commence à dépasser ces boulevarts.

C'est dire que là est le commerce des objets de luxe, et que cet arrondissement est, plus que tout autre, en voie de prospérité.

Il possède d'ailleurs une foule de grands établissemens qui la lui assurent à toujours.

Les principaux sont :

Le marché Saint-Honoré, l'abattoir Montmartre, la Poste aux chevaux, la prison de la Dette, la caserne de la rue de Clichy, le Dépôt du matériel des fêtes et cérémonies royales, l'Opéra, l'Opéra-Comique, les théâtres des Variétés, de la Bourse et du Palais-Royal, la salle Ventadour, les Français, la Bourse, le tribunal de Commerce, les salles de Vente des commissaires-priseurs, la Bibliothèque royale et le Palais-Royal.

3ᵉ *Arrondissement.*

Le 3ᵉ arrondissement laisse peu de choses à désirer sous le rapport de l'assainissement. La plupart des maisons y sont bien construites, et réunissent le plus souvent l'élégance à la commodité des distributions intérieures.

Aussi cet arrondissement est-il généralement habité par une population aisée et par les classes riches.

Toute la partie située en dedans du boulevart Poissonnière est très prospère, car elle est comprise dans le centre d'activité, mais il y occasionne sur plusieurs points un encombrement auquel il importe de porter remède.

L'autre partie de cet arrondissement, située à l'extérieur du boulevart Bonne-Nouvelle, devient de plus en plus commerçante ; ses habitations modernes et son voisinage du centre d'activité lui assurent également un avenir prospère.

Les principaux établissemens publics de cet arrondissement sont :

Les Pompes funèbres, la caserne de la rue du Faubourg-Poissonnière, celle des Petits-Pères, la prison Saint-Lazare, les bazars de comestibles Poissonnière et Bonne-Nouvelle, les marchés Saint-Joseph et des Prouvaires, le théâtre du Gymnase, les Messageries royales et la Poste aux lettres.

4e Arrondissement.

Le 4e arrondissement, situé au centre de Paris, est celui dont la superficie a le moins d'étendue. Il n'est percé que de rues étroites, bordées de vieilles constructions manquant de jour et d'air, et conséquemment fort tristes et fort malsaines. L'existence de la halle d'approvisionnement dans l'un de ses quartiers y occasionne un encombrement qui compromet journellement la sûreté publique.

La partie de cet arrondissement comprise entre le Pont-Neuf, le marché des Prouvaires, le Louvre et la Banque, participe encore au centre d'activité, qui tend toutefois à s'en éloigner.

La partie comprise entre le quai de la Mégisserie et

les halles était en possession du commerce de gros et de demi-gros, et notamment du commerce des toiles et des étoffes; mais ces commerces, qui commencent à l'abandonner, ne peuvent y être maintenus ou rappelés qu'autant que ce quartier sera assaini et désobstrué.

Le quartier des halles, non moins malsain, mal construit et encombré, est d'un aspect repoussant, à ce point qu'on fait souvent un long détour pour éviter d'y passer. Aucun autre point de Paris n'appelle à un plus haut degré d'urgence des améliorations, sous le triple rapport de l'assainissement, de l'embellissement et de la sûreté publique.

Toutefois, la situation de cet arrondissement au centre de Paris et sur la ligne des quais, lui assure un avenir satisfaisant.

Je dirai plus loin par quelles mesures d'intérêt général ou peut le sauver de la ruine dont le menace l'abandon dans lequel on l'a laissé.

Les seuls établissemens publics qu'il possède sont: le marché des Innocens, les halles au beurre, aux œufs, aux poissons et au blé; les messageries Laffitte, la Banque de France, le Louvre et la Caisse d'amortissement.

Il est en contact avec le centre d'activité par les rues Saint-Honoré, de la Vrillière et Montmartre.

5ᵉ *Arrondissement.*

La partie du 5ᵉ arrondissement s'étendant du quartier des Halles au boulevart Bonne-Nouvelle, entre deux grandes lignes de communication, et touchant au centre de Paris, est en possession d'un commerce de détail auquel cette position est essentiellement favorable. Toutefois, la plupart des rues qui traversent ce quartier, perpendiculairement à la rue Saint-Denis, ne deviendront commerçantes et ne seront complètement bien habitées qu'après leur mise à l'alignement. L'autre partie du même arrondissement, située en dehors des boulevarts Saint-Denis et Saint-Martin, bordée d'un côté par la rue du Faubourg-Saint-Denis, de l'autre par la rue du Faubourg-du-Temple, traversée par celle du Faubourg-Saint-Martin dans sa longueur, et dans sa largeur par le canal, ne manque pas non plus d'élémens de prospérité. Trois principales routes aboutissent aux barrières de cet arrondissement, et les ports du canal lui sont favorables.

Plusieurs branches de commerce y sont attirées par la facilité des communications et par la proximité de quelques établissemens publics.

Ceux qui existent dans cet arrondissement sont : un marché à fourrages, les marchés Saint-Laurent et du faubourg du Temple, le marché à charbon des Récollets, la halle aux cuirs, la caserne des sapeurs-pompiers et de la garde municipale, l'hospice des Incurables, l'hôpital Saint-Louis, l'entrepôt d'octroi, l'entrepôt des sels, l'entrepôt de douane, le bureau de la douane qui va y être établi, enfin les théâtres de l'Ambigu-Comique et de la Porte-Saint-Martin.

Il est, avec le centre d'activité, en contact dans toute la longueur de sa première partie, et en communication facile pour la seconde partie par le boulevart Bonne-Nouvelle.

6º *Arrondissement*.

La partie du 6º arrondissement comprise entre la rue Saint-Denis et la rue Saint-Martin, touchant au centre de Paris, laisse beaucoup à désirer sous le rapport de l'assainissement, et souffre beaucoup de l'encombrement occasionné par les halles. Toutefois, placé entre les deux principales rues de Paris, ce quartier est commerçant; la rue Rambuteau lui sera profitable; et pour peu qu'il s'opère dans cette localité quelques reconstructions qui amènent toujours l'élargissement des rues, il se trouvera placé dans de très bonnes conditions.

Il en est de même de la partie qui s'étend jusqu'aux boulevarts Saint-Martin et du Temple. Ce quartier renferme tout à la fois un grand nombre de marchands en détail, beaucoup de fabricans des articles de Paris, et des articles de fondeurs, de ciseleurs, de doreurs, etc. Enfin, si l'on n'y trouve plus une population très riche comme dans les trois premiers arrondissemens, il y a néanmoins de la vie et du mouvement.

Quant à la partie située entre la rue du Faubourg-du-Temple et la rue Ménilmontant, au-delà du boulevart du Temple, elle est moins peuplée et moins vivante. Mais la partie comprise entre le canal et le boulevart est favorisée par ces deux grandes voies publiques, et l'autre partie pourra être prochainement vivifiée par les fabriques et manufactures qui tendent à s'établir dans les quartiers excentriques de l'est.

Les établissemens publics du 6° arrondissement sont : les marchés du Temple, Saint-Martin et Saint-Jacques-la-Boucherie, la prison des Madelonnettes, la caserne de la rue du Faubourg-du-Temple, les théâtres du boulevart du Temple, et le Conservatoire des Arts-et-Métiers.

7° *Arrondissement.*

Cet arrondissement, resserré et concentrique, a des quartiers mal percés, mal construits, malsains et mal habités. Le plus ignoble est le quartier des Arcis, qui manque essentiellement de jour et d'air, et qui, sauf le quai Pelletier, est occupé en grande partie par des logeurs en garni au mois et à la nuit, et par la population qu'attire ce genre d'établissemens.

Grâce au percement de la rue Rambuteau, le quartier

Beaubourg, qui était dans une position non moins fâcheuse, va recevoir un peu de soleil et de vie. Les principales rues de cet arrondissement sont commerçantes et n'auraient besoin que d'être élargies pour le devenir davantage. Les rues de la Verrerie, Barre-du-Bec, Saint-Merry, Sainte-Avoie, sont encore en possession du commerce de gros et de demi-gros d'épiceries, d'huile et de denrées coloniales. Ce commerce important est convenablement placé dans ces quartiers rapprochés du centre de Paris, et les communications avec le centre d'activité étant rendues plus faciles, il s'y fixera et s'y étendra jusqu'au quartier du Marais au lieu de se déplacer. Mais il importe d'aviser aux moyens de l'y maintenir, car il est la principale et la presque unique ressource du 7e arrondissement.

Les seuls établissemens publics qu'il renferme sont : le marché et la boucherie des Blancs-Manteaux, la prison de la Force, qui doit être incessamment démolie, le Mont-de-Piété, l'Imprimerie royale et les Archives du royaume.

Il n'est en communication avec le centre d'activité que par des rues étroites et encombrées, mais le percement de la rue Rambuteau va lui en ouvrir une plus large, plus facile et plus directe avec la rue Montmartre, qui traverse ce centre d'activité.

8e *Arrondissement.*

Cet arrondissement est le plus excentrique de tous. La partie appelée le faubourg Saint-Antoine est habitée par une population ouvrière. Les fabricans d'ébénisterie y sont en grand nombre. D'autres fabriques, des raffineries de sucre, des usines et des manufactures diverses s'y sont établies depuis un quart de siècle, et tendent à s'y multiplier. Le port de la Rapée et les chantiers qui le bordent sont aussi une ressource pour une partie de ce quartier, qu'un nouveau port de débarquement, projeté à la contrescarpe des fossés de la Bastille, pourrait venir encore favoriser. C'est en effet dans la possession de grands établissemens industriels que le faubourg Saint-Antoine peut seul trouver un élément de prospérité, car il est trop éloigné du centre d'activité pour espérer jamais que le mouvement du commerce en boutique puisse s'étendre jusqu'à lui. Il faut donc s'appliquer à favoriser dans ce faubourg l'établissement des grandes industries manufacturières.

Quant au quartier de cet arrondissement qui est en dedans du boulevart, il est généralement bien habité par les petits rentiers. Ils y trouvent une retraite saine et paisible, à proximité des boulevarts et de la place Royale, qui sont pour eux des promenades agréables.

Ces habitans, dont la plupart jouissent d'une assez grande aisance, attirent dans cette localité un certain commerce de détail nécessaire à leur alimentation, en sorte qu'il suffit de maintenir ce quartier dans les conditions où il est, pour qu'il continue à être bien habité.

Les établissemens publics du 8e arrondissement sont : l'abattoir Ménilmontant, la caserne et le marché Popincourt, le marché à charbon d'Aval, les marchés Sainte-Catherine et Beauveau, le marché à fourrages Saint-Antoine, le magasin des fourrages militaires, la maison des Jeunes-Détenus, le dépôt des Condamnés, la caserne des Minimes, les hospices Saint-Antoine, des Orphelins et des Quinze-Vingts et le théâtre de la porte Saint-Antoine.

Le 8e arrondissement, éloigné du centre d'activité, n'y communique facilement que par les boulevarts, il pourra bientôt entrer en rapport plus direct avec lui, par la rue du Pas-de-la-Mule, et celles qui lui font suite, y compris la rue Rambuteau, et par la rue Montmartre.

9ᵉ *Arrondissement.*

Le 9ᵉ arrondissement, l'un des plus restreints dans ses limites, le plus faible en population, était naguère celui qui renfermait le moins d'élémens de prospérité.

Dans tous les autres arrondissemens, il y a plus ou moins de grandes fortunes; dans le 9ᵉ, il n'y en a aucune.

Quelques anciennes familles, quelques négocians ont de l'aisance; le surplus de la population vit du fruit de son travail ou de son industrie, le nombre des indigens y est considérable.

Cet arrondissement est divisé en trois parties séparées par les bras de la rivière.

La partie comprise entre la place de Grève et la rue Saint-Paul, limitée au nord par les rues de la Tixeranderie et Saint-Antoine, était, avant le percement de la rue du Pont-Louis-Philippe et l'isolement de l'Hôtel-de-Ville, l'un des quartiers les plus malsains de Paris.

La principale industrie de ce quartier consistait à loger en chambrées les ouvriers en bâtimens et surtout les maçons et les manœuvres qui viennent de la province travailler à Paris. Il n'y avait pas de rues qui offrissent un aspect plus misérable, et qui en effet renfermassent plus de misère et de malpropreté que celles de la Mortellerie, Grenier-sur-l'Eau, de Long-Pont, Pernelle, de la Levrette et des Audriettes. Il n'y en a pas non plus où le choléra ait sévi avec autant de rigueur (1). Le quai,

---

(1) Un sixième de la population a été atteint par le choléra; et il y a eu 531 décès : un sur vingt-deux individus.

et les rues des Nonaindières, de Jouy-Saint-Antoine, du Monceau-Saint-Gervais et du Martroy, contenaient seuls quelques établissemens de commerce de détail, dont la plupart ne faisaient que végéter. Point de grandes industries, point de commerce en gros, point de ressources en un mot. La rue du Pont-Louis-Philippe est venue enfin traverser les vieilles masures de ce malheureux quartier, et y faire pénétrer l'air et le soleil. De nouvelles constructions ont amené une population moins malheureuse, et quelques commerçans ont pu tenter de s'établir dans les boutiques bordant cette voie publique activement fréquentée.

L'isolement de l'Hôtel-de-Ville a contribué aussi à améliorer un peu ce quartier; et enfin l'établissement des bas-ports de la Grève, des Ormes et Saint-Paul lui a donné un élément de vie qui, je le répète, lui manquait entièrement.

Quant au quartier de l'Arsenal, deux casernes, les Eaux filtrées, quelques petits rentiers, amateurs de la solitude, et les marchands de bois de l'île Louviers, empêchent seuls ce quartier de devenir entièrement désert.

Le quartier de la Cité est encore aujourd'hui ce qu'était, il y a huit ou dix ans, le quartier de l'Hôtel-de-Ville, et on sait qu'en outre ses ruelles et ses impasses infectes sont le repaire de la plupart des forçats libérés qui viennent en si grand nombre à Paris, ou pour y cacher leur honte, ou pour continuer à y exercer quelque coupable industrie.

Ce quartier ne possède aucun de ces grands établissemens qui portent la vie et l'activité autour d'eux; et sauf quelques boutiques de la rue de la Cité et de la rue de la Barillerie, il n'a pas de commerce prospère.

La démolition de l'archevêché est venue enlever à ce

malheureux quartier le peu d'avantage qu'il pouvait retirer du voisinage de cette demeure de l'archevêque.

Cependant, l'Administration municipale, en ouvrant la rue d'Arcole, et en déclarant d'utilité publique le percement de la rue de Constantine, a témoigné de sa sollicitude pour ce pauvre quartier ; mais malheureusement le retard qu'éprouve le percement de la rue de Constantine, n'a fait qu'ajouter au malheur des propriétaires, dont les maisons sont atteintes par ce percement, en les tenant dans une incertitude qui les a empêchés de les louer ; et les boutiquiers, qui essayent de s'établir dans la rue d'Arcole, ne peuvent espérer y gagner leur vie qu'autant qu'on donnera une issue à cette rue par l'affranchissement du pont d'Arcole. Ce quartier est sans contredit l'un des plus dépourvus d'élémens de prospérité.

L'île Saint-Louis, si bien habitée autrefois, n'a plus de population aisée que dans les maisons qui bordent les quais. Nulle part les logemens ne sont à plus bas prix que dans les rues de cette île ; aussi, la mauvaise population, chassée par les démolitions dans la Cité et dans les environs de l'Hôtel-de-Ville, vient-elle y remplacer une population moins malheureuse qui quitte ce quartier. Un grand établissement industriel, qui a ses avantages et ses inconvéniens, n'a pas peu contribué à cet échange de population. Les ponts à péage dont cette île est entourée ont fait le reste. On sait qu'une injustice criante a été commise à son préjudice dans la prolongation, pendant soixante-neuf ans neuf mois et huit jours, du péage sur le Pont-Rouge qui, aux termes de la loi du 24 ventôse an XIII, devait finir le 22 septembre 1827. Selon cette même loi, c'est d'un pont praticable aux voitures que l'île Saint-Louis devait jouir sans péage dès cette époque ; et au lieu de cela on ne lui a donné qu'un pont de piétons, dont le péage, qui pèse presque exclusivement sur ses habitans, doit se prolonger jusqu'au 30 juin 1897. Certes, un pareil fait appelle une prompte réparation, et cette réparation serait d'autant plus facile que ce pont ne produit qu'environ 12,000 fr. annuellement.

Enfin, l'unique ressource de l'île Saint-Louis consiste actuellement dans le voisinage de l'entrepôt des boissons, qui y attire pour locataires des marchands de vins et d'eaux-de-vie.

Les établissemens publics du 9° arrondissement sont :

La caserne de l'Ave-Maria, le quartier de cavalerie des Célestins, le collége Charlemagne, le grenier de réserve, la bibliothèque de l'Arsenal, l'administration des Hospices, l'Hôtel-Dieu et l'Hôtel-de-Ville.

Il est séparé du centre d'activité par les quartiers les plus mal percés et les plus obstrués, et il ne peut y communiquer que difficilement par la rue Saint-Denis et la rue Montmartre, en traversant les halles.

10° *Arrondissement.*

Le 10° arrondissement est mieux et plus régulièrement percé qu'aucun autre. Il est généralement habité par l'ancienne noblesse, qui dépense moins qu'autrefois peut-être, mais qui est toujours riche, et assure toujours à cet arrondissement un certain bien-être, sinon une vie bien animée. Il n'est d'ailleurs pas dépourvu d'un commerce assez actif dans certaines parties, telles que les rues du Bac, de Beaune, des Saints-Pères, de Seine, du Four, de Bussy, de l'Ancienne-Comédie et Dauphine.

Le quartier du Gros-Caillou et les environs de la rue de Sèvres, ont seuls une population peu aisée; mais il n'est pas sans ressource, tant en raison du commerce de bois à brûler qui en occupe une partie, qu'en raison du voisinage de plusieurs grands établissemens publics.

Ceux qui existent dans cet arrondissement sont en effet très nombreux ; voici les principaux :

La boucherie des Invalides, le marché Boulainvilliers, les casernes d'Orsay, de Babylone et de Bellechasse, l'École militaire; l'hôtel royal des Invalides, l'hôpital militaire, l'hôpital de la Charité, l'hôpital des Enfans malades, l'hospice des Incurables, l'hospice des Ménages, les ministères de la Guerre, des Travaux publics, du Commerce, de l'Intérieur et de l'Instruction publique; les administrations des Télégraphes, des Ponts-et-Chaussées; le dépôt d'Artillerie, l'école d'Etat-Major, l'école des Beaux-Arts; l'école des Ponts-et-Chaussées, la succursale du Mont-de-Piété, le Conseil-d'État, la Division militaire, le palais de la Chambre des Députés, le palais d'Orsay, l'Institut et la Monnaie.

Les communications entre cet arrondissement et le centre d'activité ne laissent à désirer qu'au débouché du Pont-Neuf; elles peuvent s'établir en outre par le pont du Carrousel ou le pont Royal et la rue Richelieu, et par le pont de la Concorde et les boulevarts.

11° *Arrondissement.*

La population du 11° arrondissement appartient à toutes les classes.

Les environs du Luxembourg et de l'Odéon sont habités par la plus riche; les petits rentiers occupent le quartier si tranquille et si mal percé entre la rue Saint-André-des-Arts et celle de l'École-de-Médecine, et même entre la rue Saint-André-des-Arts et le quai. Une grande partie de la population des écoles de droit et de médecine loge dans la rue de la Harpe et dans les environs de l'Odéon, et alimente, sans les enrichir, une quantité de petits hôtels meublés et de petits restaurans. La population commerçante est placée sur les grandes lignes qui servent de limites à l'arrondissement, sur celles qui le traversent, puis sur le quai des Augustins. Le quartier du Palais de Justice est généralement occupé par une population commerçante.

La plupart des rues de cet arrondissement sont peu animées, et l'on voit que les petits commerçans qui tentent de s'y établir ne réussissent que rarement à achalander leurs boutiques. Le commerce de librairie, assez considérable dans cet arrondissement, paraît n'être pas entièrement relevé des crises successives dont il a été atteint. Enfin, le 11ᵉ arrondissement, dans plusieurs de ses parties, a plutôt l'aspect d'une ville de province que de Paris.

Les établissemens publics qui y sont situés ne lui offrent que de faibles ressources.

Ce sont : le marché à fourrages du Mont-Parnasse, le marché Saint-Germain et le marché à la volaille; les casernes de la rue d'Enfer, de la rue de Tournon, de la rue du Colombier et de la rue du Foin; le collége Stanislas, le collége Saint-Louis, le séminaire Saint-Sulpice, l'Ecole-de-Médecine, la Sorbonne, les théâtres de l'Odéon, du Panthéon et du Luxembourg; le palais de la Chambre des Pairs, le jardin du Luxembourg, le Palais de justice, la Préfecture de Police, la Cour des Comptes.

Les communications entre cet arrondissement et le centre d'activité ne sont établies que sur deux points également obstrués : la rue Dauphine et le Pont-Neuf d'un côté, et de l'autre la rue de La Harpe, étroite et d'une forte pente, et l'entrée de la rue Saint-Denis, si insuffisante au mouvement de la circulation sur ce point.

12ᵉ *Arrondissement.*

Le 12ᵉ arrondissement, dont le sol présente presque partout des pentes et des contre-pentes, est mal percé, et certains quartiers sont d'un accès difficile aux voitures. La population peu aisée et malheureuse y est en majorité. Toutefois, le plateau situé au-dessus de la montagne Sainte-Geneviève, entre le Panthéon, le Val-de-Grâce et le Luxembourg, est assez bien habité. Cette partie de l'arrondissement trouve une ressource dans les nombreux établissemens universitaires qu'elle possède, et *qu'il est essentiel d'y maintenir.*

Un peu de commerce, alimenté par ces établissemens et par les étudians qui, en grand nombre, habitent aussi ce plateau, semble s'y soutenir, sinon y prospérer.

Le haut du faubourg Saint-Jacques et toute la vallée traversée par la Bièvre, sont peu peuplés.

Quelques usines et quelques établissemens industriels, tels que les tanneries situées sur les bords de cette rivière fangeuse et infecte, ont pu seuls y retenir la population ouvrière qui dépend de ces établissemens. Cependant, les maisons qui étaient anciennement construites dans cette vallée sont encore occupées, mais par la population la plus malheureuse de Paris, qui ne trouve plus que là des logemens qu'elle puisse payer. Il sera difficile de rendre un peu de vie à cette partie, la plus déserte et la plus excentrique de Paris ; la montagne qui la sépare des autres quartiers sera à toujours une grande difficulté.

On peut espérer néanmoins que l'assainissement de la

Bièvre une fois opéré (et cela ne peut tarder), les usines s'y multiplieront, que le vil prix des terrains et des propriétés de cette vallée y attirera quelques grandes fabriques ou manufactures, et y multipliera aussi les chantiers de bois à brûler et ceux de bois de construction, à cause de sa proximité des ports de débarquement. La tête du chemin de fer d'Orléans pourra aussi contribuer à y créer et à y rendre prospères quelques établissemens de commerce. La halle aux cuirs, qu'il est question de déplacer et qu'on songe à reporter aux terrains du clos Saint-Lazare, en même temps qu'on vient d'y affecter une place à la halle franche pour les veaux, les vaches et les porcs, et qu'on veut y créer un hôpital et un collége, serait infiniment mieux située dans le quartier traversé par la Bièvre, où déjà se trouvent de nombreux établissemens de tannerie, de corroierie et de mégisserie.

Elle y attirerait nécessairement les commissionnaires dans cette branche de commerce, et avec eux une population nouvelle.

Quant à la partie du douzième arrondissement qui comprend le versant nord de la montagne Saint-Victor et Sainte-Geneviève, jusques et y compris le quartier de la place Maubert, elle peut être comparée au quartier de la Cité. Mêmes rues étroites, malpropres et malsaines, même population malheureuse mêlée de population dangereuse. Là, le ferrailleur, la marchande de chiffons, le carreleur de souliers, la ravaudeuse et le chiffonnier, gens pauvres mais laborieux et honnêtes, y sont, sans s'en douter, en contact fréquent avec des misérables souillés de crimes, que les prisons ou le bagne n'ont rendus ni plus laborieux ni moins pervers. Les propriétaires des maisons habitées par cette lie du peuple, qui n'a le plus souvent pour tout meuble qu'un méchant grabat, et quelquefois même qu'une botte de paille recouverte de quelques lambeaux de guenilles, n'ont aucun moyen de se faire payer le plus modique loyer. Ils n'ont pas même la ressource des dégrèvemens, car leurs locaux sont occupés, en sorte que leurs propriétés deviennent une charge pour eux, au lieu d'être une source de revenus.

Sans doute il est, dans ce malheureux quartier, quelques principales rues moins mal habitées; mais le voisinage de la population que je viens d'indiquer est de nature à en éloigner bientôt les établissemens qui y sont installés depuis longtemps, tels que les fabriques de couvertures, industrie assez importante, restée à peu près seule aujourd'hui attachée à ce quartier dont elle est, avec le marché des Carmes, la ressource la plus importante.

Si l'on considère que c'est par cet ignoble quartier que s'établit l'unique communication du surplus du douzième arrondissement avec le centre d'activité, on concevra que cet arrondissement soit resté plus que tout autre étranger à la prospérité générale, et qu'il soit sérieusement menacé d'un abandon complet de la part du peu de population aisée qui l'habite encore.

Il importe d'autant plus cependant qu'il n'en soit pas ainsi, que cet arrondissement renferme un grand nombre d'établissemens publics de la plus haute importance, et qu'il serait déplorable de voir rester au milieu d'un désert.

Ces établissemens et ceux de moindre importance qui y sont situés sont : les marchés des Patriarches et des Carmes, le marché aux chevaux, la halle aux veaux, l'abattoir Ville-Juif et l'entrepôt des boissons; les casernes de l'Estrapade, de la rue Neuve-Sainte-Geneviève, de l'Oursine et Mouffetard ; la prison de Sainte-Pélagie, le théâtre Mouffetard, les hospices Marie-Thérèse, des Enfans-Trouvés, d'accouchement, dit *de la Bourbe*, l'hospice Cochin et celui si considérable de la Vieillesse (femmes), l'hôpital militaire du Val-de-Grâce, l'hôpital des Vénériens et celui de la Pitié, la Boulangerie des hôpitaux et hospices, la Pharmacie centrale, l'Amphithéâtre d'anatomie, l'institution des Jeunes-Aveugles, l'institution des Sourds-Muets, les colléges de France, Louis-le-Grand, Henri IV et Rollin, l'Ecole des Mines, l'Ecole Polytechnique et l'Ecole de Droit ; enfin le Jardin des Plantes et les divers Musées qui en dépendent ; la Manufacture royale des Gobelins, l'Observatoire et le Panthéon.

Tant que les ponts de l'Archevêché et Louis-Philippe ne seront pas affranchis, le douzième arrondissement ne pourra communiquer avec le centre d'activité, ainsi que je l'ai déjà dit, que par un seul point fort encombré, le bas de la rue Saint-Jacques, pour arriver par un autre point non moins obstrué, l'entrée de la rue Saint-Denis, la traversée des halles et l'entrée de la rue Montmartre.

RÉSUMÉ DE LA SITUATION COMPARATIVE DES DOUZE ARRONDISSEMENS.

Il résulte de l'examen qui précède et des faits non moins concluans que présente le tableau statistique sus-indiqué, que tout concourt à concentrer la prospérité dont Paris jouit sur un même point ; qu'ainsi que je l'ai déjà dit, elle y est attirée par l'accumulation sur ce point des établissemens publics les plus fréquentés, et par les nombreux travaux d'assainissement, d'embellissement et d'amélioration de la voie publique qui y ont été exécutés dans ces derniers temps ; qu'elle y est d'ailleurs poussée par l'état d'insalubrité dans lequel on a laissé le centre de Paris et par les embarras de circulation qui y sont devenus excessifs et dangereux pour la sûreté publique.

Aussi, n'est-ce plus seulement la rive gauche de la Seine qui souffre de cette concentration, de ce déplacement du centre d'activité; les quartiers de l'est et même le centre de Paris en éprouvent un notable préjudice, et se voient journellement abandonnés par la classe aisée et par le commerce que leur présence y maintenait, pour ne recueillir à leur place que les indigens chassés des quartiers prospères par l'élévation des loyers, qui ne leur permet plus d'y habiter.

CONSÉQUENCES DE L'ÉTAT DE CHOSES ACTUEL, ET NÉCESSITÉ D'Y REMÉDIER.

Il y a d'autant plus d'urgence à chercher un remède à ce fâcheux état de choses, qu'il tend à s'aggraver sans cesse. On ne saurait se dissimuler en effet que plus le commerce se concentrera sur un même point, plus la circulation y deviendra difficile et dangereuse, et que bientôt l'encombrement qui lui a fait quitter l'ancien centre d'activité, se reproduisant partout où il se portera, lui fera quitter le nouveau, et que, poussé ainsi successivement de station en station avec d'autant plus de célérité qu'il s'engage dans un espace resserré entre Montmartre et les Tuileries, nous ne tarderons pas à le voir atteindre et franchir peut-être le mur d'enceinte.

MOYENS DE COMBATTRE ET D'ARRÊTER LE DÉPLACEMENT.

Les fâcheuses conséquences de cette concentration, et

de ce déplacement lent, mais progressif du centre d'activité, sont connues. Il s'agit d'indiquer maintenant par quelles mesures administratives on peut combattre efficacement ces deux graves sujets de perturbation générale.

J'ai indiqué plus haut les causes premières et principales auxquelles je pense qu'on doit attribuer la rupture de l'équilibre entre la rive gauche et la rive droite de la Seine au profit de cette dernière, et ensuite celles qui ont aggravé le mal et l'ont porté à ce point, qu'un mètre de terrain dans certains quartiers de Paris, a autant de valeur aujourd'hui qu'un arpent dans certains autres quartiers. Or, je suis convaincu que ces causes agissent plus activement que jamais, et que le moyen d'en détruire les déplorables effets consiste à attaquer le mal à sa source, c'est-à-dire, à attaquer ces causes elles-mêmes et à les faire disparaître autant que possible.

QUESTION DE LA HALLE D'APPROVISIONNEMENT.

La première question qui doit occuper la commission est donc, à mon avis, celle de la halle d'approvisionnement.

Le centre d'activité, qui s'était établi primitivement autour de cette halle, ou plutôt autour du lieu où sont exposés en vente les approvisionnemens de Paris en subsistances, s'en est éloigné par suite de l'encombrement excessif auquel donnent lieu l'apport et la vente de ces approvisionnemens, et s'est porté plus loin vers le nord. Il en est résulté que l'encombrement des halles est aujourd'hui une nouvelle barrière entre le centre d'activité et la rive gauche, et un obstacle à la libre communication de certains quartiers de la rive droite avec ce même centre d'activité.

Pour étendre le cercle du centre d'activité dans toutes les directions, il importe d'établir des communications libres et faciles entre ce centre et tous les quartiers excentriques. Ces communications seront impossibles, tant que le lieu où elles doivent se croiser en tous sens demeurera encombré au point que la circulation des voitures de place doit y être interdite pendant une partie de la journée.

S'il s'agissait de tracer les plans d'un nouveau Paris pour l'asseoir sur un terrain libre, chacun comprendrait que le point central étant celui vers lequel tout converge, la circulation doit être plus active à mesure qu'on s'en approche ; et chacun serait d'accord de dégager ce point par une place immense *comme à Turin*, et de donner une grande largeur aux rues qui devraient y aboutir et servir de grandes artères de communication, rayonnant de ce point aux extrémités.

Il ne viendrait assurément à l'idée de personne d'y rendre la circulation embarrassée et impossible, en affectant ce lieu au dépôt et à l'exposition en vente d'approvisionnemens que trois mille charrettes suffisent à peine à apporter chaque jour. Ce serait le comble de l'absurde, et cependant c'est ce qui existe à Paris. Aussi, est-ce là la principale cause de cet encombrement désormais insupportable qu'on éprouve dans ce quartier, qui empêche ou entrave la circulation et la communication entre les quartiers opposés, qui éloigne et déplace le centre d'activité, et qui tend à déplacer Paris tout entier. Comment se peut-il alors que loin de prendre la résolution d'extirper radicalement cette cause capitale du mal et de la perturbation dont on se plaint et dont on souffre tant, on songe sérieusement à la perpétuer à toujours dans le même lieu, en y construisant une halle générale ?

LA HALLE NE PEUT-ELLE ÊTRE DÉPLACÉE ?

Y-a-t-il donc nécessité de conserver la halle sur ce point ?

Examinons cette première question.

J'ai rappelé une époque à laquelle il eût été difficile d'éloigner la halle du centre de Paris, parce que toute la population venait s'y approvisionner ; mais cet état de choses est complètement changé. Nous avons en effet des marchés partout où il en faut, pour porter les approvisionnemens à la proximité du consommateur, qui n'a plus à venir de l'extrémité de la ville à la halle générale, et qui par conséquent est désintéressé dans la question. Si l'on m'objectait que quelques individus de la classe pauvre y viennent encore de loin faire leurs achats, je répondrais que la halle placée au centre de Paris n'est pas à proximité de la masse de cette classe de consommateurs, et que ce serait un motif de plus pour la déplacer et la rapprocher des lieux où ils sont en plus grand nombre.

Si donc le déplacement de la halle n'a aucun inconvénient pour les consommateurs en général, voyons s'il n'en aurait pas quelques-uns pour les producteurs et pour les approvisionneurs.

L'intérêt des approvisionneurs c'est que la halle soit située sur un point où ils puissent se rendre de chaque barrière par de grandes voies publiques ; c'est qu'elle ait des abords larges et faciles où ils ne soient pas sans cesse exposés à être culbutés et écrasés, comme ils le sont aujourd'hui ; c'est enfin qu'ils y trouvent un abri commode, et dès l'instant où j'aurai indiqué comme je me propose de le faire un nouvel emplacement réunissant ces avantages, j'aurai répondu à toutes les objections sur ce chef.

INTÉRÊT DES MARCHANDS-FRUITIERS.

Mais on prétendra, sans doute, que d'autres intérêts encore se lient à l'existence de la halle générale aux lieux qu'elle habite actuellement.

Ainsi, dira-t-on, beaucoup de marchands-fruitiers qui s'y approvisionnent, en seront plus éloignés, et cet éloignement augmentera les frais de transport de leurs marchandises.

Je ne pense pas que la prospérité de ces sortes d'établissements dépende de leur proximité de la halle. On sait que les plus achalandés ne sont pas ceux qui en sont les plus rapprochés. Au surplus, le lieu où je propose de construire la nouvelle halle n'est pas à une grande distance du centre de Paris, et les marchands qui auront quelques centaines de pas ou quelques tours de roues à faire de plus pour s'y rendre, trouveront une large compensation à ce faible inconvénient dans une circulation moins embarrassée et dans l'absence des dangers de toute espèce auxquels ils sont exposés en fréquentant la halle actuelle.

INTÉRÊT DES MARCHÉS DE DÉTAIL.

On m'objectera encore que plusieurs marchés de détail, qui sont alimentés par la halle, vont également s'en trouver plus éloignés si on la déplace, et que cela peut compromettre leur existence.

Il me semble au contraire que plus un marché de détail

sera distant de la halle générale, *réduite au rôle exclusif de halle de vente en gros des produits apportés par les cultivateurs*, plus ce marché devra avoir de chances de débit, pour peu qu'il se trouve placé au centre d'un quartier populeux.

Je ferai remarquer à ce sujet que l'un des plus grands inconvéniens de la halle actuelle, est de se transformer en marché de détail, après la vente en gros qui finit à neuf heures du matin. Il en résulte que les denrées qui, achetées par les revendeurs, devraient aller approvisionner les marchés excentriques, demeurent en grande partie, soit au marché des Innocens, soit dans les environs, et que la population des quartiers éloignés, ne trouvant pas d'approvisionnement complet ou suffisant dans les marchés qui sont à sa proximité, est obligée à un pénible déplacement, pour venir le chercher dans le quartier des halles, seul lieu où elle se trouve.

Ainsi, les marchés de détail, créés à grands frais par la Ville, sont, dans l'état actuel, frappés d'une double cause de ruine ou tout au moins d'insuccès.

Ils ne sont pas suffisamment approvisionnés, parce que les revendeurs n'y trouvent pas assez de débit; et les consommateurs ne les fréquentent, le plus souvent, que pour quelque complément de leurs provisions journalières, parce qu'ils n'y trouvent ordinairement qu'un assortiment incomplet de ces provisions.

Est-ce donc là un état de choses satisfaisant auquel il importe de ne rien changer?

N'est-il pas au contraire de la dernière évidence, que la plupart des marchés de détail, éloignés de la halle, sont ainsi dans l'impossibilité de soutenir la concurrence du marché central, qui n'est que la continuation de la halle générale?

Loin d'être nuisible aux marchés de détail, le déplacement de la halle générale est donc le meilleur moyen de les favoriser et de les appeler enfin à remplir le but de leur création, puisque ce n'est que par ce déplacement que l'on parviendra à rompre des habitudes qui doivent d'autant moins être respectées qu'elles sont contraires à tous les intérêts.

En éloignant la halle du centre de Paris, on obtiendra, sans aucune violence et par le seul fait de leur propre intérêt, que les revendeurs se reportent aux divers marchés de détail, après la fermeture de la vente en gros à la halle générale. Ces marchés alors, étant mieux approvisionnés et les habitans de chaque quartier y trouvant à leur proximité tout ce qui est nécessaire à leur consommation, n'éprouveront plus le besoin d'envoyer au loin chercher leurs provisions.

Si, au contraire, la halle générale est maintenue aux lieux qu'elle occupe, on n'obtiendra certainement pas un résultat semblable, alors même qu'on aurait recours à des mesures sévères pour empêcher les revendeurs de s'établir au pourtour de cette halle ou dans les rues qui l'avoisinent. Il est aisé de se rendre compte en effet qu'il faudrait, dans ce cas, conserver un marché de détail près de cette halle, pour ne pas obliger les habitans du centre de Paris à aller à leur tour s'approvisionner aux marchés excentriques; et alors, à ce marché, voisin de la halle, se reporteraient toujours la plupart des denrées. Pour le public, ce serait encore la halle; il continuerait de s'y porter de préférence et de laisser déserts les autres marchés, ne fût-ce que par la force de l'habitude.

Il faut donc, je le répète, déplacer la halle pour vaincre cette fâcheuse habitude et aussi pour assurer la prospérité des marchés écartés du centre, qui ont tout à espérer et rien à redouter de cette importante mesure.

Mais enfin, s'écriera-t-on, et les droits acquis des propriétaires, locataires et marchands environnant la halle actuelle?

Ceci semble plus sérieux; examinons de près.

Il existe dans le quartier des halles, indépendamment du grand marché d'approvisionnement général, que je propose d'enlever à ce quartier, le marché des Prouvaires, qui peut être conservé tel qu'il est sans inconvénient, et plusieurs autres marchés de détail qu'il n'entrerait pas dans mes idées de supprimer, mais seulement de réunir sur la place des Innocens, pour y former ainsi un marché de détail *complet et suffisant à alimenter le quartier*.

Actuellement, le marché des Innocens est transformé en marché de détail après la vente en gros qui s'y opère le matin, et, dans la journée, il n'est qu'à moitié occupé. La partie qui demeure vacante suffirait à contenir les marchés de détail des oignons, des pommes de terre, de la verdure et du poisson; et, en les y plaçant, on aurait en effet un marché complet sur un seul point, au lieu d'avoir plusieurs petits marchés de détail spéciaux, séparés, et encombrant différentes parties de la voie publique.

Dans cette hypothèse, les propriétaires, locataires et marchands environnant le marché des Innocens, n'auraient certainement pas à se plaindre, car la présence d'un marché complet, permanent, fréquenté et achalandé, au devant de leurs propriétés ou de leurs établissemens de commerce, leur serait certainement plus avantageux que le mouvement de la halle, qui n'a lieu, sur ce point, que de minuit à neuf heures du matin, et qui ne leur laisse dans la journée que la vue peu agréable d'un marché presque désert, et, en cas d'émeute, le danger de voir établir à leurs portes les premières barricades avec les objets encombrans qui s'y trouvent réunis.

Le marché des Prouvaires restant dans son état actuel, il ne viendrait non plus aucune réclamation de la part des propriétaires ou habitans qui l'environnent.

Restent ceux avoisinant les autres parties de la halle, ou plutôt les riverains des voies publiques sur lesquelles s'opère la vente en gros des légumes.

Mais la plupart de ces riverains accueilleraient la mesure que je propose comme un immense bienfait; car l'état de choses actuel est devenu pour eux intolérable, et leurs réclamations contre cet état de choses sont incessantes.

M. Lahure, mon excellent et laborieux collègue au conseil municipal et à la commission, vient encore de s'en rendre l'organe dans un travail sur la question de grande voirie que cette commission est chargée d'examiner.

Voici comment il s'exprime :

« Quant à la grande halle ou halle centrale, il s'agit
» bien plus encore des choses que des personnes. Dans
» l'état présent, c'est par l'insuffisance de son étendue
» qu'elle pèche principalement. Qui croirait que, se trou-
» vant employer pour le service qui lui est propre une
» superficie de 36,000 mètres, plus de moitié de cet em-
» placement est pris dans les rues avoisinantes; ce qui
» occasionne aux habitans de ces rues un préjudice con-
» sidérable, et n'est pas pour ces quartiers la moindre
» cause de la désertion du commerce. »

La vérité ainsi proclamée par un homme aussi grave qu'éclairé et consciencieux, par un homme qui représente le quartier, qui en a étudié les besoins, qui est témoin de ses souffrances, est de nature à porter la conviction la plus entière dans tous les esprits. Oui, il est indubitable que les propriétaires et les habitans d'une partie de la rue Saint-Denis, de la rue de la Ferronnerie tout entière, du cloître Sainte-Opportune et d'une partie de la rue Saint-Honoré, seront dans l'enchantement le jour où ils seront débarrassés du dépôt et de la vente en gros, dans ces rues, des approvisionnemens dont elles sont encombrées de minuit à neuf heures du matin. Qui ne sait, en effet, que cet encombrement est tel qu'il leur interdit ou leur rend très dangereux l'accès de leurs habitations pendant tout ce temps, et que le bruit et le vacarme, au milieu desquels ils sont condamnés à vivre jour et nuit, sont une sorte de supplice auquel peu de personnes euvent s'habituer? Ainsi, encore une fois, la grande mesure que je propose, loin de donner lieu à aucune réclamation de la part des propriétaires et habitans de ces rues, et de beaucoup d'autres, sera de leur part l'objet des plus vives actions de grâces.

Toutefois, il faut reconnaître qu'il est, sur quelques autres points, des propriétés et des établissemens industriels auxquels le déplacement de la halle d'approvisionnement pourra porter quelque préjudice.

Tels sont ceux du marché aux poirées, ceux de la rue des Piliers-d'Etain, ceux situés à l'entrée de toutes les rues aboutissant aux deux précédentes, ceux environnant la halle au poisson d'eau douce, et ceux de la rue des Piliers.

Mais, outre qu'il me sera facile de démontrer que ce préjudice ne sera que momentané, et que ce quartier est appelé à devenir l'un des plus prospères de Paris, je dois faire remarquer d'abord que, s'il est un point sur lequel tout le monde soit d'accord, c'est qu'il faut de toute nécessité établir une halle générale d'approvisionnement,

Or, cette halle ne peut être construite dans le quartier dit des halles, sans que l'expropriation des propriétés et des établissemens que je viens d'indiquer soit indispensable, pour lui donner un périmètre d'une étendue convenable.

Dans le grand projet de la halle générale qu'on avait en vue sous l'empire, comme dans ceux qui ont été formulés dernièrement, et par M. Lahure, architecte, et par M. Jacoubet, ces propriétés et ces établissemens doivent tous *disparaître sans exception*. En effet, le premier de ces projets, qui devait réunir le marché des Prouvaires à la grande halle, s'étendait de là jusqu'à une ligne en prolongement de la rue Mondétour et peut-être même jusqu'à la rue Saint-Denis en descendant jusqu'au marché des Innocens inclusivement.

Le second s'étend de la rue de la Tonnellerie à une ligne prise en prolongement de la rue Saint-Jacques-l'Hôpital, et dans un autre sens, de la halle aux draps à la rue Rambuteau.

Le 3e enfin est aussi limité au nord par cette dernière rue, à l'est par la rue Saint-Denis, au sud par une ligne en prolongement direct de la rue Saint-Honoré, et à l'ouest par une rue qui serait ouverte parallèlement à la rue Saint-Denis en prolongement, ou à peu près, de la rue Comtesse-d'Artois.

Il demeure donc démontré que ceux-là seuls auxquels le déplacement de la halle d'approvisionnement pourrait porter quelque préjudice, ne peuvent pas plus continuer à jouir des avantages que leur procure le voisinage de la grande halle, dans le cas de son agrandissement sans déplacement, que dans le cas de son déplacement.

Cette réponse à l'objection des droits acquis est péremptoire et me dispense même de dire que, dans tous les cas, il n'y aurait droits acquis tout au plus qu'en équité, et qu'en droit, la Ville demeure incontestablement libre de déplacer un établissement municipal, quel qu'il soit, quand elle le juge utile dans l'intérêt général.

Je reconnais volontiers, toutefois, qu'il est quelques établissemens industriels et de commerce qui dépendent entièrement du voisinage de la halle et qui seraient obligés de se déplacer pour la suivre ; *mais il est à remarquer, que sa construction sur place, en les détruisant, ne leur laisserait guère la possibilité de se replacer sur ses abords déjà occupés par d'autres établissemens dont les propriétaires ne voudraient céder leur position qu'à des prix exorbitans ; tandis que, dans le cas de déplacement de la halle elle-même, ils trouveraient à son pourtour des locaux vacans et des loyers infiniment moins chers, dans lesquels ils auraient un avantage qui compenserait largement leurs frais de déplacement ; en sorte que, si quelques indemnités pouvaient être réclamées, elles seraient nécessairement très peu importantes.*

POSSIBILITÉ DU DÉPLACEMENT DE LA HALLE GÉNÉRALE.
CONDITIONS A EXIGER.

Maintenant que j'ai fait ressortir les principaux inconvéniens qui résultent de l'état actuel de la halle d'approvisionnement, que j'ai expliqué comment il n'y a pas nécessité à la conserver dans le quartier des halles, et que j'ai démontré que personne n'est intéressé à la conserver dans les localités qu'elle occupe, voyons si son déplacement est possible, s'il est avantageux, et même s'il n'est pas nécessaire, indispensable, pour atteindre le but qu'on se propose.

Je commencerai par indiquer quelles sont, à mon sens,

les conditions essentielles d'une halle générale d'approvisionnement à Paris.

La première de toutes, c'est qu'elle ne soit pas placée sur un point où la circulation soit très active, et qu'elle ne soit traversée par aucune grande voie de communication, attendu que tout ce qui produit de l'encombrement, tout ce qui est d'un aspect désagréable, doit être éloigné des grandes voies publiques. On pourrait même ajouter qu'il est convenable qu'un établissement, duquel s'exhale souvent une odeur nauséabonde, soit placé de manière que ceux qui veulent l'éviter puissent le faire, sans être obligés à un détour considérable.

Une seconde considération, c'est que la communication entre chaque barrière et la halle générale soit facile et commode.

Il faut aussi que la halle soit en communication facile avec le grand centre d'activité et avec tous les principaux marchés.

Il faut enfin que le périmètre de cette halle soit d'une étendue suffisante pour y établir commodément tous les services sans confusion, que les abords de chaque division soient commodes, et que le stationnement des charrettes puisse avoir lieu dans des endroits circonvoisins.

INDICATION D'UN NOUVEL EMPLACEMENT.

L'emplacement sur lequel la halle générale pourrait être transportée, et qui me semble *le seul* qui réunisse ces conditions essentielles, est situé entre le quai de la Tournelle et les rues Saint-Victor, des Fossés-Saint-Bernard et des Bernardins.

J'ai tracé le périmètre de la halle générale sur cet emplacement de manière à laisser une zône de terrain en bordure sur les deux premières de ces voies publiques et sur une grande partie de la troisième.

Il n'attaquerait aucune des maisons du quai de la Tournelle ni de la rue Saint-Victor, qui, au contraire, acquerraient *toutes* une seconde façade sur une nouvelle rue qui isolerait la halle de ces maisons. Il n'enlèverait que quatre maisons sans importance sur la rue des Fossés-Saint-Bernard, il ne toucherait à aucune des maisons de la rue Saint-Victor, excepté à un seul petit corps de bâtiment de la propriété de l'Etat, actuellement affecté à l'institution des jeunes aveugles.

Il nécessiterait l'acquisition d'une seule maison et de deux petits bâtimens servant de bureaux à des chantiers, rue de Poissy; de huit maisons et d'un semblable bureau, rue de Pontoise; de cinq maisons situées cloître des Bernardins, et de huit, rue des Bernardins. Tout le surplus, sauf le bâtiment de l'ancien couvent des Bernardins, appartenant à la Ville, consiste en terrains nus, la plupart occupés par des chantiers de bois à brûler.

Les halles aux veaux et aux vaches grasses, transformées en marchés aux fruits, au vieux linge et à la ferraille, demeureraient sans inconvénient enclavées dans le périmètre de la halle générale, et il y aurait à cela un immense avantage pour ces établissemens.

Les rues de Pontoise et de Poissy pourraient être conservées comme rues de service pour la halle, et les rues projetées, qui se croisent sur le terrain du cardinal Lemoine, pourraient être ouvertes dans la direction qui leur est assignée.

Une nouvelle rue, en prolongement de celle qui existe sur le côté nord de la halle aux veaux, devrait être prolongée jusqu'à la rue des Fossés-Saint-Bernard pour isoler la halle, comme je l'ai déjà indiqué, des maisons du quai de la Tournelle. Une semblable rue serait ouverte de la rue de Pontoise à celle projetée allant du pont de la Tournelle à la rue Saint-Victor pour isoler également la halle des maisons de cette dernière rue.

ÉTENDUE DU NOUVEL EMPLACEMENT.

Cet emplacement, ainsi circonscrit, contiendrait, y compris les rues de service, une surperficie de 53,391 mètres, et satisferait par conséquent, sous ce rapport, à tous les besoins présens et à venir.

Il résulte du travail, à l'appui du projet de M. Lahure, que les espaces actuellement occupés par les besoins de la halle, tant à couvert qu'à découvert, n'ont qu'une superficie de 36,000 mètres, y compris le marché des Innocens et le marché des Prouvaires, et que le périmètre qu'il avait lui-même tracé ne renfermait, y compris les rues, que 36 à 37,000 mètres. L'emplacement que j'indique laisserait donc en réserve, pour les besoins futurs, un espace d'environ 16,000 mètres, et c'est un avantage immense; car s'il fallait agrandir plus tard le périmètre de la halle, on ne le pourrait qu'au moyen d'une dépense considérable, même dans ce quartier; que serait-ce au milieu de Paris?

Je me suis borné, comme M. Lahure, à tracer un périmètre de la halle générale, sans m'occuper de la disposition des abris qu'elle devra contenir. Je ferai seulement remarquer que le terrain pourra être divisé en autant de lots qu'il y aura de services à établir, que chacun de ces lots pourra être isolé par des rues, et qu'on évitera ainsi toute confusion et tout danger de circulation, tant à l'intérieur qu'au pourtour de la halle.

Le bâtiment des Bernardins pourra être très utilement affecté au commerce du beurre et des œufs, attendu que des caves seraient nécessaires à ce commerce et qu'il en existe de magnifiques dans ce bâtiment.

Je ne m'étendrai pas davantage sur la convenance que présente, sous le rapport des besoins de la halle, l'emplacement sur lequel je propose de l'établir; il est par trop évident qu'il doit y satisfaire on ne peut plus complètement.

Voyons maintenant si la halle générale, établie sur cet emplacement, réunira les autres conditions essentielles qu'elle peut exiger.

CIRCULATION.

Placée entre deux grandes artères de communication, de même que le jardin des Plantes et l'Entrepôt, elle ne sera jamais traversée par aucune grande voie publique, au moins dans sa longueur : les deux établissemens que je viens de citer s'y opposent à toujours. Dans sa largeur, les rues de Pontoise et de Poissy, qui la traversent, ne peuvent jamais être prolongées beaucoup au-delà de la rue Saint-Victor, à cause de la montagne au pied de laquelle elles aboutiraient; elles sont donc sans importance sous le rapport de la circulation. Celle à ouvrir en face du pont de la Tournelle, et qui traversera aussi une partie de la halle dans le même sens, sera seule un peu fréquentée ; mais il suffira de lui donner une plus grande largeur pour éviter tout encombrement sur ce point. La rue des Fossés-Saint-Bernard y suppléera d'ailleurs au besoin.

Il serait donc difficile, pour ne pas dire impossible, de trouver dans un rayon aussi peu excentrique (1) un autre

(1) Le terrain dont il s'agit n'est pas plus éloigné du centre de Paris que le Palais-Royal.

emplacement sur lequel la halle gênât aussi peu la circulation générale.

STATIONNEMENT DES CHARRETTES.

Quant au stationnement des charrettes, il pourra avoir lieu sur la place Valhubert, dans toute la longueur des quais Saint Bernard et de la Tournelle, sur la place Maubert, au Parvis Notre-Dame, à la pointe de l'île Notre-Dame, à la place Saint-Victor, dans la rue Cuvier, et, au besoin, sur le port en aval du pont de la Tournelle, qui a longtemps servi de parc au remisage des haquets et charrettes. Ces différens points, tous rapprochés de la halle, seraient plus que suffisans et seraient très convenables au stationnement des charrettes, attendu que les uns sont peu fréquentés, surtout avant neuf heures du matin, et que les autres, comme les quais, sont assez larges pour qu'une rangée de charrettes puisse y séjourner, comme actuellement au quai de la Mégisserie, sans y gêner la circulation. Dans tous les cas, les quais de l'île Saint-Louis, si déserts, pourraient encore y suppléer.

Ainsi, point de difficultés non plus sous ce rapport.

COMMUNICATION AVEC LES BARRIÈRES.

Reste donc à démontrer que la communication avec les barrières, avec les marchés et avec le grand centre d'activité sera facile dès maintenant. Je dirai plus tard comment les améliorations de voirie dont on s'occupe, devront ajouter à la facilité de ces communications.

Les entrées des approvisionnemens qui se dirigent sur la halle générale, ont lieu principalement par les barrières qui conduisent à une route royale ou départementale ; le peu qui entre par les autres barrières moins fréquentées reprend, un peu plus près ou un peu plus loin, l'itinéraire que j'indiquerai pour les principales barrières, sans causer aucun encombrement dans son parcours jusque-là sur des points très excentriques.

Ainsi, de la barrière Picpus, de Reuilly et de Charenton, on pourrait suivre le boulevart extérieur pour n'entrer que par la barrière de Bercy, et suivre la rue de Bercy, la rue Lacuée, le pont d'Austerlitz, le quai Saint-Bernard et la rue des Fossés-Saint-Bernard.

Des barrières Saint-Mandé et du Trône, on descendrait la grande rue du Faubourg-Saint-Antoine jusqu'à la place de la Bastille, de même que de la barrière Montreuil par la rue de Montreuil, de la barrière de Fontarabie par la rue de Charonne, et de la barrière des Rats et d'Aunay par la rue de la Roquette, toujours pour aboutir d'abord à la place de la Bastille, d'où l'on pourrait se rendre à la halle, soit par la rue Contrescarpe et le pont d'Austerlitz, soit par les rues Saint-Antoine, des Nonaindières, et les ponts Marie et de la Tournelle.

Il en serait de même de ce qui entrerait par la barrière des Amandiers et qui serait venu aussi à la place de la Bastille, après être descendu directement au boulevart Saint-Antoine.

De la barrière Ménilmontant et de celle des Trois-Couronnes on se rendrait d'abord directement au même boulevart ; de là, on suivrait les rues des Filles-du-Calvaire, Vieille-du-Temple, du Pont-Louis-Philippe, le pont de ce nom et celui de l'Archevêché, pour arriver par la rue des Bernardins ou le quai de la Tournelle.

Les arrivages de la barrière de Belleville, de la Chopinette, du Combat et de Pantin viendraient, par la voie la plus directe, jusqu'à l'endroit où la rue du Faubourg-du-Temple traverse le canal ; et de là suivraient ensemble cette rue jusqu'au boulevart, puis les rues du Temple, Sainte-Avoie, Barre-du-Bec, des Coquilles, la place de l'Hôtel-de-Ville, le quai de la Grève, et arriveraient également par les ponts Louis-Philippe et de l'Archevêché.

De la barrière de la Villette par les rues du Faubourg-Saint-Martin et Saint-Martin, le pont Notre-Dame, le quai Napoléon et le pont de l'Archevêché.

De la barrière Saint-Denis tout droit jusqu'au pont Saint-Michel, et ensuite par les quais Saint-Michel et de la Bûcherie.

De la barrière Poissonnière tout droit jusqu'à la pointe Saint-Eustache.

Des barrières Rochechouart, des Martyrs, Montmartre et de la barrière Blanche, on gagnerait la rue du Faubourg-Montmartre, et l'on serait conduit par cette rue et la rue Montmartre à la pointe Saint-Eustache ; d'où, en traversant l'ancienne halle, on arriverait, par le cloître Sainte-Opportune et la rue de la Tabletterie, à la rue Saint-Denis, pour suivre de là l'itinéraire venant de la barrière Saint-Denis.

De la barrière Clichy par la rue de la Chaussée-d'Antin, les rues de la Paix, Castiglione, de Rivoli, le Carrousel et les quais jusqu'au pont au Change, on éviterait tout encombrement.

De la barrière de Monceau par les rues du Rocher, de l'Arcade, la place de la Madeleine, la rue Royale, on arriverait facilement à la place Louis XV.

Des barrières de Courcelles, du Roule, de l'Etoile et de la barrière de Passy, point d'embarras pour arriver à la place Louis XV ; de là on se rendrait, non moins sans encombre, à la halle, par le pont de la Concorde et les quais du Nord.

Des barrières de la Cunette, de Grenelle, de l'Ecole-Militaire, on gagnerait et on suivrait également les quais du Nord.

De la barrière de Sèvres on se rendrait par la rue de Sèvres à la Croix-Rouge.

Des barrières de Vaugirard, des Fourneaux, du Maine et du Mont-Parnasse, on se rendrait également à la Croix-Rouge par la rue du Cherche-Midi, et, de la Croix-Rouge à la halle, par les rues du Four, de Bussy, Saint-André-des-Arts et le quai, ou par les rues de la Huchette, Galande et Saint-Victor.

De la barrière d'Enfer par les rues d'Enfer, de la Harpe, des Mathurins, des Noyers et Saint-Victor.

Des barrières Saint-Jacques et de la Santé par la rue Saint-Jacques, la rue des Noyers et la rue Saint-Victor.

Des barrières de la Glacière et de Croulebarbe, par les rues Pascal, Censier, du Jardin-du-Roi et Saint-Victor.

De la barrière d'Ivry par le boulevart de l'Hôpital et le quai, et de la barrière de la Garre tout droit par les quais.

On voit que le seul point où l'affluence de ces arrivages serait susceptible d'occasionner un peu d'encombrement, serait au débouché de la rue Saint-Denis sur la place du Châtelet ; mais un élargissement de cette partie de la rue Saint-Denis, *indispensable dans tous les cas*, viendrait bientôt faire disparaître cet inconvénient.

COMMUNICATION AVEC LES MARCHÉS ET AVEC LE CENTRE D'ACTIVITÉ.

Voyons maintenant la communication avec les marchés.

D'abord elle sera évidemment plus facile de la nouvelle halle que de la halle actuelle, avec tous les marchés de la rive gauche.

Il en sera de même avec les marchés de l'Est, c'est-à-dire, avec les marchés des Blancs-Manteaux, Sainte-Catherine, Beauveau, Popincourt, etc. Le marché Palu s'en trouvera plus rapproché ; la communication sera facile avec celui des Enfans-Rouges par la Vieille-Rue-du-Temple et le pont Louis-Philippe, avec le marché Saint-Martin par les rues Fontaine, du Temple, Sainte-Avoie, etc., avec les marchés d'Aguesseau, de la Madeleine, Saint-Honoré, par les quais, la place Louis XV ou le Carrousel.

La communication avec les marchés Saint-Joseph et avec ceux peu importans des bazars Poissonnière et Bonne-Nouvelle, sera seule plus difficile, parce qu'elle s'établira encore par le débouché de la rue Saint-Denis sur la place du Châtelet.

Néanmoins, la communication entre la nouvelle halle et les marchés sera généralement plus facile qu'elle ne l'est de l'ancienne halle, à laquelle on n'arrive, de presque tous, que par des rues étroites et encombrées.

Quant à la communication entre la halle d'approvisionnement et le centre d'activité, elle laisserait beaucoup à désirer.

Mais j'établirai plus loin que cette communication sera

la première à améliorer sur une large échelle, *dans tous les cas*.

Je crois avoir démontré que le déplacement de la halle générale et son transport sur un point opposé à celui vers lequel Paris semble marcher, sont possibles, et qu'ils n'entraînent à aucun inconvénient.

CONSÉQUENCES AVANTAGEUSES DU DÉPLACEMENT DE LA HALLE GÉNÉRALE.

Je vais expliquer maintenant comment cette mesure est indispensable, si l'on veut sérieusement couper le mal à sa racine, et rattacher une grande partie de la population à la rive gauche de la Seine.

J'ai dit que l'encombrement produit par la halle générale au centre de Paris, avait pour effet d'établir, pour la rive gauche, une seconde barrière entre ses quartiers et le centre d'activité, et pour les quartiers de l'Est, une grande difficulté de communication : or, le déplacement de la halle fait disparaître cet encombrement, détruit cette seconde barrière, et rétablit une communication facile entre le centre d'activité et les quartiers de l'Est. Il contribue puissamment à reporter une partie de la circulation la plus encombrante dans les quartiers excentriques, à la répartir plus également entre eux, et conséquemment à y porter le mouvement, l'activité et la vie, qui leur manquent. Enfin, il entraîne à sa suite une certaine population et un certain nombre d'établissemens commerciaux, qui seront profitables au 12ᵉ arrondissement, sans appauvrir le quartier des halles, qui renferme assez d'autres élémens de prospérité comme on va le voir.

Une des conséquences de ce déplacement sera la nécessité d'ouvrir une grande voie de circulation en prolongement de la rue Montmartre, jusqu'à la place du Châtelet ou jusqu'au quai, afin de remettre le centre d'activité en communication directe et facile avec tous les quartiers dont il s'est éloigné.

L'enlèvement de la halle au beurre laisserait vacant un emplacement des plus convenables pour y construire la mairie du 4e arrondissement, en façade sur le prolongement de la rue Montmartre. Enfin, le déplacement de la halle générale, changeant en partie la destination des ignobles propriétés de ce quartier, obligerait les propriétaires à les reconstruire ou à les approprier à une destination nouvelle, assez avantageuse pour les indemniser des frais de reconstruction. Ce quartier sale et repoussant changerait bientôt de face, car les reconstructions amèneraient naturellement l'élargissement de ses rues par l'exécution des alignemens. Placé au centre de Paris, entre le centre d'activité et la nouvelle halle d'approvisionnement, le commerce de gros et de demi-gros trouverait avantage à y rester, à y revenir, à s'y fixer à toujours; et ce quartier, menacé de mort, deviendrait infailliblement l'un des plus vivans et des mieux habités de Paris.

Voilà l'effet qu'on doit attendre de l'enlèvement de la halle générale, et pour le quartier où elle est actuellement, et dans l'intérêt général.

D'un autre côté, son installation entre le quai de la Tournelle et la rue Saint-Victor, serait un bienfait pour le 12e arrondissement, dont cette partie est demeurée presque déserte, malgré le voisinage de l'Entrepôt, sa proximité du port et son peu d'éloignement du centre de Paris. Il est à remarquer que les commerçans de l'Entrepôt se sont logés de préférence dans l'île Saint-Louis; et que, sauf quelques cafés et restaurans situés sur le quai de la Tournelle et rue des Fossés-Saint-Bernard, le voisinage de l'Entrepôt a peu profité aux riverains. Cela tient sans doute à ce que les chantiers de bois à brûler occupent la presque totalité des terrains sur lesquels je propose d'asseoir la grande halle, et à ce que les habitations, ayant vue sur ces chantiers, cette vue a quelque chose de sombre et de triste qui en éloigne la population. Quoi qu'il en soit, ces chantiers se reporteraient probablement sur un point plus excentrique du même arrondissement, où de vastes terrains, d'un très bas prix, demeurent vacans ; ce qui en ferait augmenter la valeur et serait, comme je l'ai déjà dit plus haut, un avantage pour les propriétaires de ces terrains. La halle attirerait dans son voisinage une population moins malheureuse que celle qui habite les environs de la place Maubert et toute la partie en côte jusqu'à l'École polytechnique, entre la montagne Sainte-Geneviève et la rue Copeau ; ce qui serait aussi un avantage immense pour ce pauvre quartier. Enfin, la population indigente, qui y est si nombreuse, se répartirait plus également sans doute dans les quartiers excentriques des autres arrondissemens.

Il ne faut pas se dissimuler toutefois que cette population indigente sera longtemps encore en plus grand nombre dans le 12e, le 8e et le 9e arrondissement ; et alors ce serait un bien que la grande halle se trouvât plus à proximité de ces trois arrondissemens, afin que cette population pût y venir faire ses approvisionnemens à meilleur compte que dans les marchés particuliers.

Ainsi, de quelque côté qu'on envisage la question, on trouve avantage à l'établissement de la halle générale sur le lieu que je propose de lui assigner.

EXAMEN COMPARATIF DE LA DÉPENSE D'EXÉCUTION DU PROJET ICI PROPOSÉ, AVEC CELLE DU PROJET DE M. LAHURE, ARCHITECTE.

Il faut cependant examiner encore la partie financière de cette proposition.

De tous les projets de halle générale auxquels on avait songé jusqu'ici, celui dressé par M. Lahure est certainement le plus économique, parce que c'est celui qui attaque le moins de propriétés construites; je crois donc devoir le prendre pour terme de comparaison.

Ce projet est accompagné d'un calcul de la superficie actuellement occupée par tous les services de la halle, tant à couvert qu'à découvert. Cette superficie, y compris les rues affectées à ces services et les marchés des Prouvaires et des Innocens, est de 36,625 mètres carrés. Celle de la nouvelle halle, *suivant le même projet*, serait de 36,714 mètres, y compris les rues de pourtour, et non compris les marchés des Prouvaires et des Innocens, dont la superficie est ensemble de 12,537 mètres, et qui restent en dehors du périmètre.

Enfin, déduction faite des emplacemens dont la Ville est déjà propriétaire, il ne resterait à acquérir, pour l'exécution du projet de M. Lahure, qu'une étendue de 18,507^m de terrain.

Cet architecte a calculé le prix de cette acquisition à raison de 500 fr. le mètre, toutes indemnités et frais compris, ce qui porterait l'ensemble de la dépense à 9,253,500 fr. Mais, si l'on veut ne pas se faire illusion sur le montant de la dépense à laquelle l'exécution de ce projet donnerait lieu, il faut recourir à une évaluation plus sérieuse de cette dépense.

Les études qui viennent d'être faites avec tout le soin possible pour le percement de la rue Rambuteau, sur des propriétés d'une valeur absolument analogue à celles des maisons qui devraient être acquises pour la formation du périmètre de la halle, selon le projet dont il s'agit, portent le prix revenant du mètre de superficie, savoir : pour le 3ᵉ lot de cette rue, compris entre la rue Saint-Denis et la rue des Potiers-d'Etain, à 960 fr. 31 c.; et pour le 4ᵉ lot, qui s'exécutera en partie sur les propriétés qui bordent la rue des Piliers, à 1,945 fr. 33 c., non compris le pavage et les frais d'expropriation.

C'est peut-être d'après cette dernière évaluation seule qu'il faudrait calculer la dépense d'acquisition des 18,507 mètres de propriétés semblables à acquérir pour la halle, ce qui porterait cette dépense à 36,002,222 fr. 31 c.; mais, en reconnaissant qu'elles ne sont pas toutes situées en façade comme les maisons de la rue des Piliers, et que quelques unes sont dans une position plus analogue à celles des maisons à exproprier pour la troisième partie de la rue Rambuteau, on aura une évaluation aussi approximative que possible, en prenant pour base de cette évaluation le prix de 1,452 fr. 82 c. le mètre, moyenne de celle des acquisitions à faire pour l'exécution des troisième et quatrième parties de ladite rue.

Dans cette hypothèse, *la plus probable*, les 18,507 mètres à acquérir coûteraient une somme de 26,887,339 f. 74 c.

Si enfin, ne tenant pas compte de ce que la plus grande partie des maisons à acquérir sont placées aussi avantageusement que celles de la rue des Potiers-d'Etain, de la rue du Marché-aux-Poirées et de la rue aux Fers ; de ce que beaucoup d'autres ont une double façade qui en augmente la valeur; de ce que presque toutes renferment des établissemens de commerce pour lesquels il y aura à payer d'énormes indemnités, on veut ne calculer la dépense que sur le pied de celle évaluée pour la troisième partie de la rue Rambuteau, 960 fr. 31 c. le mètre, elle s'élèvera encore à 17,772,457 fr. 17 c.; mais ce serait évidemment vouloir encore se faire illusion, car tout porte à croire, je le répète, que l'évaluation qui se rapproche le plus de la vérité est celle basée sur la moyenne de la dépense des troisième et quatrième parties de la rue Rambuteau, c'est-à-dire, celle qui porte le prix des maisons à acquérir pour le périmètre de la halle, à 26,887,339 fr. 74 c. En ajoutant à cette dépense celle de construction de la halle, on approchera du chiffre de 30,000,000 fr., si on ne le dépasse.

Or, pour exécuter un pareil projet, ainsi qu'on semble en avoir l'intention, avec les ressources ordinaires de la Ville, ou plutôt avec celles actuellement employées à la construction des égouts et à la distribution des eaux, ressources qui s'élèvent annuellement à environ deux millions de francs, et qui ne seront disponibles que dans trois ou quatre ans, on voit que ce n'est qu'en vingt ans que nous aurions une halle générale; ce n'est que dans vingt ans qu'on aurait apporté un remède, bien inefficace encore, à mon avis, à l'état d'encombrement, dangereux pour la sûreté publique, qui existe actuellement dans le quartier des halles; et, il faut le dire, ces vingt ans de souffrances et de dangers auront suffi pour laisser se consommer le déplacement de Paris, pour ruiner et rendre déserts la rive gauche de la Seine et plusieurs quartiers de la rive droite.

Mais je reviens à la question de dépense, et voici comment j'évalue celle à laquelle donnerait lieu le projet de la halle générale que je propose d'exécuter aux Bernardins.

Le périmètre de cette halle s'étendrait sur une superficie de 59,742ᵐ, ci.................... 59,742ᵐ.
de laquelle déduisant :

1° Celle de l'ancienne halle aux veaux et aux vaches grasses et des rues y attenant, formant ensemble un enclave dans ce périmètre de, ci............ 6,351ᵐ

2° La superficie des rues ou portions de rues, déjà acquise par la Ville sur l'étendue du même périmètre ayant, ci.... 8,904ᵐ

3° Et la superficie de la propriété des Bernardins appartenant à la Ville, qui s'y trouve aussi comprise pour, ci....... 5,352ᵐ

} 20,607ᵐ.

Soit ensemble 20,607 mètres.

Il resterait à acquérir une superficie de... 39,135ᵐ, dont 30,851 mètres de terrain nu, et 8,284 mètres de propriétés couvertes de constructions.

Quant au terrain nu, si l'on prenait pour base de son évaluation le prix le plus élevé de la vente, récemment faite par la Ville, des terrains de l'abbaye Saint-Victor, on ne les compterait qu'à 28 fr. le mètre; mais les terrains du Cardinal-Lemoine et des Bernardins sont peut-être un peu plus avantageusement situés ; ils sont d'ailleurs occupés par des chantiers de bois à brûler, ce qui donnera lieu à des indemnités locatives assez élevées.

Je pense donc que l'indemnité foncière pourra être portée à 40 fr. le mètre, et les indemnités locatives ensemble à environ 120,000 fr.

Quant aux propriétés bâties, leur revenu actuel, reconnu par le contrôleur des contributions du quartier,

STATISTIQUE DE LA VILLE DE PARIS.

ARRONDISSEMENS.	1er	2e	3e	4e	5e	6e	7e	8e	9e	10e	11e	12e	TOTAUX.	MOYENNE.
Superficie	5,530,000 m.	3,320,000 m.	1,330,000 m.	560,000 m.	2,350,000 m.	1,610,000 m.	700,000 m.	6,110,000 m.	840,000 m.	2,300,000 m.	2,090,000 m.	4,140,000 m.	33,910,500 m.	»
Revenu net imposable en 1840	8,701,361. 85	19,302,153. 00	6,125,356. 12	3,856,806. 24	4,080,230. 53	5,897,831. 32	3,342,242. »	8,044,081. 06	1,813,891. 34	6,712,720. 48	2,808,501. 16	2,215,181. 58	68,044,[illegible] »	
Rapport du revenu avec la superficie, revenu moyen de chaque mètre	1. 58	5. 84	4. 90	6. 89	1. 98	3. 50	4. 60	6. 50	2. 19	1. 99	1. 86	» 51	» »	1. 93
Montant des contributions des portes et fenêtres en 1839	261,030. 97	303,272. 08	182,400. 71	115,806. 05	191,336. 47	217,096. 07	150,150. 80	229,090. 64	104,251. 85	283,423. 15	106,385. 26	181,609. 72	2,454,871. 24	
Rapport entre cette contribution et le revenu net, montant par 100 fr. de revenu net	3. 25	2. 40	2. 98	3. »	4. 10	3. 70	4. 39	6. 28	5. 65	4. 40	3. 01	7. 64	» »	3. 65
Valeur locative sur laquelle a été assise la contribution patente en 1820	3,582,060. »	6,874,280. »	4,043,436. »	3,306,024. »	2,419,088. »	5,060,588. »	1,800,905. »	1,580,830. »	1,074,198. 00	2,538,080. »	2,210,131. 50	1,078,151. »	31,201,758. »	
Valeur locative id. en 1840	3,977,808. 70	9,026,502. 50	5,411,165. »	2,880,030. »	3,170,029. 50	4,330,400. »	2,052,700. »	2,001,830. »	784,340. »	2,148,805. »	2,317,711. »	1,221,030. »	39,384,[illegible]. 50	
Différence entre la valeur locative en 1820 et 1840. Augmentation	395,323. 70	2,152,219. 50	1,307,729. »	» »	750,941 50	069,512. »	189,843. »	418,010. »	» »	» »	106,020. 50	145,889. »	» »	
Différence entre la valeur locative en 1820 et 1840. Diminution	» »	» »	» »	218,304. »	» »	» »	» »	» »	289,853. 50	24,235 »	» »	» »	» »	
Population. Suivant le recensement fait en 1817	52,421	65,523	44,932	46,624	56,631	72,286	56,245	66,320	42,932	81,133	54,700	62,079	713,966	
Population. Id. en 1836	82,441	90,075	56,984	50,120	82,061	93,817	68,300	91,517	47,279	88,558	58,605	65,140	892,302	
Accroissement de 1817 à 1836	30,020	25,552	12,052	3,496	25,430	21,531	12,055	19,199	4,347	7,425	6,830	2,061	168,296	
Rapport de l'accroissement avec le recensement de 1817	58 0/0	54 0/0	27 0/0	7 0/0	45 0/0	29 0/0	21 0/0	21 0/0	10 0/0	9 0/0	18 0/0	3 1/2 0/0	»	23 1/2 0/0
Électeurs. Censitaires en 1832	1,222	2,635	1,905	1,127	1,021	1,371	943	861	605	1,165	1,052	579	13,200	
Électeurs. Propriétaires seulement en 1838	703	532	431	230	411	450	393	433	264	638	534	293	5,723	
Électeurs. Id. patentés en 1838	270	258	223	171	289	236	201	294	144	895	497	220	3,098	
Électeurs. Patentés seulement en 1838	554	1,316	621	888	321	480	175	417	224	422	198	193	7,513	
Électeurs. Total en 1838	1,527	2,551	1,321	1,289	1,271	1,665	1,057	1,151	589	1,285	1,197	708	17,284	
Électeurs. Accroissement de 1832 à 1838	311	619	256	162	260	291	414	290	75	100	145	129	2,568	
Électeurs. Rapport des électeurs de 1838 avec la population en 1836	1 sur 51	1 sur 35	1 sur 37	1 sur 39	1 sur 00	1 sur 57	1 sur 65	1 sur 71	1 sur 73	1 sur 60	1 sur 49	1 sur 110	»	1 sur 53
Patentés. En 1820	9,080	5,164	3,401	3,372	3,349	6,291	4,054	3,741	2,237	3,680	3,230	2,784	44,028	
Patentés. En 1839	4,377	7,077	4,708	3,707	5,023	7,332	4,029	4,868	2,237	4,257	3,664	3,224	55,054	
Patentés. Accroissement de 1820 à 1839	4,200	1,916	1,307	235	1,177	1,091	229	1,120	10	577	444	440	11,023	
Patentés. Proportion de cet accroissement avec le nombre des patentés en 1820	48 0/0	35 0/0	38 0/0	6 0/0	31 0/0	24 0/0	20 0/0	30 0/0	0 0/0	10 0/0	12 0/0	18 0/0	»	24 4/8 0/0
Patentés. Rapport des patentés en 1839 avec la population générale du dernier recensement	1 sur 10	1 sur 13	1 sur 12	1 sur 13	1 sur 16	1 sur 12	1 sur 14	1 sur 17	1 sur 21	1 sur 21	1 sur 16	1 sur 20	»	1 sur 16
Citoyens. Inscrits au contrôle de la garde nationale en 1837	4,448	6,645	4,805	4,394	4,601	6,632	4,704	5,447	2,611	3,999	4,018	3,129	56,481	
Citoyens. Id. en 1840	4,567	6,799	4,385	4,018	5,010	6,192	5,157	5,531	2,450	4,059	4,280	3,448	57,030	
Citoyens. Différence en 1837 et 1840. Diminution	»	»	420	468	»	440	»	105	161	147	338	341	Dimin. 2,938	
Citoyens. Différence en 1837 et 1840. Augmentation	119	153	»	»	419	»	416	»	»	»	»	»	Augm. 1,607; Reste dim. 1,331	
Citoyens. Rapports du nombre de gardes nationaux avec la population	1 sur 18	1 sur 13	1 sur 12	1 sur 12	1 sur 16	1 sur 13	1 sur 13	1 sur 16	1 sur 19	1 sur 18	1 sur 14	1 sur 24	»	1 sur 15
Indigens. En 1835	3,500	2,040	2,002	3,120	4,081	6,930	3,988	9,000	4,044	5,018	3,808	11,353	62,500	
Indigens. En 1838	3,347	2,214	2,806	3,203	3,287	5,465	3,835	9,002	4,206	4,479	3,877	11,303	58,600	
Indigens. Différence entre ces deux années. Diminution	205	426	126	»	794	1,465	101	276	»	601	319	»	4,600	
Indigens. Différence entre ces deux années. Augmentation	»	»	»	84	»	»	»	»	42	»	»	»	»	
Indigens. Proportion des différences avec les indigens en 1835	7 0/0	16 0/0	5 0/0	2 1/2 0/0	15 0/0	16 0/0	3 0/0	3 0/0	1 0/0	11 0/0	13 0/0	0 0/0	»	8 1/2 0/0
Indigens. Rapports des indigens de 1838 avec la population générale	1 sur 25	1 sur 40	1 sur 20	1 sur 15	1 sur 21	1 sur 16	1 sur 18	1 sur 9 1/2	1 sur 9 1/2	1 sur 20	1 sur 17	1 sur 7	»	1 sur 19
Indigens. Secours à chaque indigent en 1838	26. 94	42. 09	31. 09	23. 2[illegible]	23. 12	31. 21	27. 89	17. 91	21. 10	20. 22	20. 11	20. 14	»	23. 60
Enfans. Admis aux écoles gratuites	[illegible] écoles 1,414	6 éc. 1,918	5 éc. 1,220	6 éc. 1,180	8 éc. 1,714	10 éc. 2,025	8 éc. 1,711	12 éc. 2,649	9 éc. 1,587	10 éc. 1,340	12 éc. 2,125	13 éc. 3,197	110 éc. 22,891	
Enfans. Reçus dans les salles	[illegible] salles 550	2 s. 250	1 s. 200	1 s. 300	2 s. 450	1 s. 430	1 s. 200	4 s. 800	2 s. 700	2 s. 390	3 s. 530	2 s. 480	23 s. 4,890	
Décès. De 1817 à 1821, rapport avec la population de 1817. 1 sur	43	41	39	32	34	35	35	35	35	36	33	24	»	1 sur 34
Décès. De 1822 à 1826, id. id.	52	48	43	31	42	38	41	38	30	38	30	20	»	1 sur 38
Décès. De 1827, 1828, 1829, 1830, 1831, 1833, id. id.	44	54	46	30	35	36	34	32	31	30	31	27	»	1 sur 37
Décès. De 1834 à 1839, id. id.	54	57	52	43	41	42	41	33	35	33	40	28	»	1 sur 42
Décès. Par suite du choléra en 1832	812	709	541	832	992	1,307	1,777	1,905	1,222	2,700	1,307	1,068	18,777	
Décès. Rapport des décès cholériques avec la population générale de 1831	63	97	90	51	67	62	34	36	24	34	37	35	»	1 sur 40
Emploi du fonds de grande-voirie de 1831 à 1838 inclusivement	1,287,935. 01	1,826,543. 90	26,008. »	1,625,379. 40	1,609,331. 53	425,489. 77	384,515. 44	87,431. 92	4,689,380. 17	32,000. »	161,048. 03	33,078. 91	12,191,276. 40 (1)	»

Nota. Un plan détaillé des Halles générales dressé par M. Grisart, architecte, d'après les idées émises par M. Lanquetin, dans le travail qui précède le présent tableau, sera publié prochainement.

dans son dernier travail, s'élève ensemble à 49,665 fr.; et comme les constructions sont généralement en mauvais état, en estimant ces propriétés au denier 20 de leur produit brut, on peut être assuré de les porter au plus haut de leur valeur, que je fais entrer ainsi en ligne de compte pour 993,300 fr.

Quant aux indemnités locatives, elles ne peuvent être que très minimes, car les maisons dont il s'agit ne renferment qu'un très petit nombre d'établissemens industriels ; et aucun de ces établissemens n'a de valeur considérable.

Ainsi, en supposant qu'il soit accordé une indemnité d'un terme de loyer à tous les locataires, soit.......................... 12,416 fr. 25 c.
et pour tous les fonds de commerce une autre indemnité de............ 70,000 »

soit ensemble.................... 82,416 fr. 25 c.
on serait assuré de ne pas voir ce chiffre dépassé.

A l'égard de la propriété des Bernardins, appartenant à la Ville, bien qu'elle ne doive pas donner lieu à un déboursé, il convient de faire entrer sa valeur vénale en ligne de compte ; et, en calculant cette valeur sur le pied de 50 fr. le mètre, terrains et constructions, je crois encore être au-delà de la réalité.

En rapprochant ces diverses évaluations, on voit que les terrains nus coûteraient....... 1,234,040 fr. »
Les indemnités aux propriétaires des six chantiers............... 120,000 »
Les maisons ou bâtimens....... 993,300 »
Les indemnités locatives et de déplacement de fonds de commerce ou

A reporter.... 2,347,340 fr. »

Report....	2,347,340 fr.	» c.
d'industrie établis dans ces maisons	82,416	25
Et enfin, la valeur de la propriété des Bernardins................	267,600	»

Et que le montant de la dépense pour acquisition de propriété et indemnités de toute espèce, ne s'élèverait ainsi qu'à une somme de.... 2,697,356 fr. 25 c. et offrirait sur la dépense du projet de M. Lahure, une économie de plus de 24 millions de francs.

Mais ce n'est pas tout: les terrains occupés par la halle actuelle seront susceptibles d'être vendus avantageusement, et le prix viendrait en déduction de la dépense de mon projet et pourrait le compenser en grande partie.

Si l'on considère enfin que le droit d'abri qui sera perçu à cette halle (1) pourra dépasser l'intérêt de la somme employée à la construction de ces abris, on sera convaincu que l'exécution d'un pareil projet, au lieu de grever la Ville d'une dépense de 20 à 30 millions ne lui sera nullement onéreuse.

Si donc le déplacement de la halle est la mesure la plus efficace pour prévenir le déplacement de Paris ; si, loin de porter préjudice au quartier où elle existe actuellement, il est de nature à le régénérer et à développer les avantages qu'il est appelé à retirer de sa position centrale ; si la halle placée sur la rive gauche de la Seine, dans l'arrondissement le plus pauvre, y attire une nouvelle population, y porte des élémens de prospérité qui lui manquent ; si enfin il y a une économie *extrémement*

---

(1) 9000 places de 4 mètres carrés à 10 cent., produiraient 900 fr. par jour et par an 328,500 fr., représentant le revenu d'un capital de 6,570,000 fr.

considérable pour la Ville, à construire la halle générale dans cette dernière localité plutôt que dans le quartier dit des Halles, on ne saurait assurément trop se hâter d'adopter en principe cette première et principale mesure, que je m'estimerai heureux d'avoir proposée.

MANIÈRE D'EXÉCUTER LA MESURE PROPOSÉE.

Voici comment j'en entendrais l'exécution :

Déterminer le périmètre de la nouvelle halle, faire déclarer immédiatement d'utilité publique l'expropriation des propriétés atteintes par ce périmètre, et s'en rendre possesseur avant que le percement du quai de l'Hôtel-Dieu et la mise en activité du chemin de fer d'Orléans, n'aient provoqué des spéculations sur ces propriétés, et n'en aient fait élever le prix.

S'occuper ensuite de la disposition des lieux et de la construction des abris, en y affectant annuellement une somme plus ou moins forte, selon les ressources des budgets, et de manière que ces abris pussent être terminés en 1849, ou au plus tard en 1850, époque à laquelle leur occupation devrait avoir lieu.

Pendant ce temps, les baux des établissemens dépendant des halles s'écouleraient en grande partie, et les propriétaires de ces établissemens pourraient prendre des arrangemens, en conséquence du déplacement de la halle dont ils seraient ainsi avertis neuf ou dix ans à l'avance ; de telle sorte que leurs intérêts seraient ménagés, autant que possible, ainsi que ceux des propriétaires du quartier des halles.

C'est dans l'hypothèse de l'adoption de mes idées sur ce point essentiel et capital, que je proposerai une suite d'autres mesures, parmi lesquelles il en est encore une tellement importante que je la considère comme un corollaire au déplacement de la halle générale.

ABOLITION DU PÉAGE SUR LES PONTS.

Il s'agit de l'affranchissement des ponts à péage. Sans doute le péage des ponts ne serait pas un obstacle absolu à l'établissement de la halle générale sur la rive gauche de la Seine ; car, à supposer que les approvisionneurs trouvassent trop onéreux de s'y rendre par le pont d'Austerlitz et par les ponts Louis-Philippe et de l'Archevêché, soumis au péage, ceux de ces approvisionneurs qui devraient passer sur le premier de ces ponts pour aller à la halle, pourraient s'y rendre, sans un grand détour, par les ponts Marie et de la Tournelle ; et ceux qui devraient y aller par les seconds, pourraient passer par le pont Notre-Dame et le pont au Double ; mais il serait possible qu'il en résultât quelque encombrement sur les ponts libres ainsi surchargés de circulation. Cependant, ce n'est pas dans l'intérêt de la halle générale seulement que l'affranchissement des ponts est si essentiel ; cet affranchissement est une question de vie ou de mort pour la rive gauche de la Seine : car ce n'est que par de nombreuses communications libres avec la rive droite, avec le centre d'activité, que la rive gauche peut participer au mouvement des affaires et à la prospérité qui en résulte.

Or, si les habitans de cette partie de la ville demeurent privés de cette participation tant qu'ils logeront sur la rive gauche, nul doute qu'ils ne la désertent progressivement avant qu'il soit peu. *Il ne faut pas perdre de vue qu'il n'en est pas de Paris comme d'une ville de province, où l'on ne crée ordinairement un établissement commercial que dans sa propre maison, qu'on ne peut abandonner ensuite sans la déprécier considérablement. A Paris, au contraire, où les commerçans placent généralement tout ce qu'ils possèdent dans leur commerce, ils ne s'établissent que dans des maisons qui ne leur appartiennent pas, qu'ils peuvent quitter à volonté, et qu'ils quittent presque toujours quand ils trouvent plus de chances de réussite dans une autre.*

Pour peu qu'ils se rendent compte, ils sauront bientôt qu'il y a avantage à être établi sur la rive droite de la Seine; et alors on ne peut raisonnablement espérer qu'ils resteront sur la rive gauche, CONTRAIREMENT A LEUR INTÉRÊT. *Ils l'abandonneront certainement, et, une fois quelques exemples donnés, ils seront suivis avec une effrayante rapidité; car le désavantage d'y rester croîtra à mesure que le déplacement s'opérera.* Et qu'on ne s'y trompe pas, déjà ce déplacement est commencé, quoi qu'on en dise; et un grand nombre de boutiquiers n'attendent que la fin de leurs baux, ou une occasion favorable de les résilier, pour aller se caser sur la rive droite.

Je prie ceux qui ne seraient pas convaincus de cette vérité de prendre la peine d'interroger ces commerçans ; je n'hésite pas à affirmer que la plupart exprimeront des regrets de s'être placés sur la rive gauche, attribueront leur défaut de prospérité à cette position désavantageuse, témoigneront leur désir de trouver à se placer sur la rive droite, plutôt en avant qu'en arrière du centre d'activité, et se plaindront amèrement de supporter des impôts municipaux qui semblent exclusivement employés au profit des quartiers où sont établis leurs plus redoutables concurrens. Je ne répèterai pas tout ce que j'ai déjà dit dans une autre occasion, et tout ce que d'autres ont écrit sur la nécessité d'affranchir les ponts à péage. Je rappellerai seulement que ce n'est que par des artères libres et multipliées que la vie peut être portée du centre aux extrémités ; et que la rive gauche est destinée à périr si on la laisse avec sept voies de communication, libres seulement entre elles et la rive droite. Les accidens qui arrivent journellement sur quatre ou cinq de ces voies libres démontrent d'ailleurs, plus que les raisonnemens les plus forts et les plus logiques, la nécessité d'augmenter le nombre de ces communications en affranchissant les ponts à péage pour répartir plus également entre eux et les ponts libres, la circulation d'une rive à l'autre de la Seine.

Je propose donc, comme seconde mesure à prendre pour prévenir le déplacement de Paris, l'affranchissement des ponts à péage, ou tout au moins l'affranchissement de ceux de ces ponts qui communiquent aux quartiers les plus souffrans de la rive gauche.

Je ne doute pas que, pour seconder une mesure aussi essentielle, l'État, nu-propriétaire de ces ponts, ne consente d'abord à prendre immédiatement leur entretien à sa charge. Dans ce cas, je serais d'avis du rachat des concessions du péage. Dans le cas contraire, il y aurait lieu de procurer l'affranchissement des ponts au moyen d'un abonnement annuel avec les compagnies.

S'il s'agissait du rachat, il y aurait, sans doute, à faire un sacrifice considérable, qui devrait incomber de droit à la charge de l'État ; mais, à supposer qu'il fût rejeté en partie sur la caisse municipale, l'économie que présenterait l'adoption de mon projet de halle générale sur tous ceux qu'on a eus en vue jusqu'à ce jour, laisserait la possibilité d'y satisfaire très facilement.

Dans le cas de l'abonnement, on trouverait dans les ressources ordinaires du budget de la ville, les moyens de le remplir, sans recourir à aucune mesure financière extraordinaire.

Mais, alors même que ces ressources ordinaires seraient insuffisantes, et qu'on devrait voter un impôt de quelques centimes ou faire un emprunt pour les suppléer, il serait encore d'une bonne administration de ne pas se laisser arrêter par ces difficultés ; car, indépendamment de l'extrême utilité de l'affranchissement des ponts, sous le rapport de la circulation, de la sûreté publique et du maintien de Paris sur les deux rives de la Seine, il y a un principe d'équité et de justice qui oblige à répartir des charges publiques communales sur l'ensemble de la population d'une même ville, et à ne pas les laisser peser sur les habitans de quelques localités seulement.

Or, la taxe des ponts est odieuse, surtout parce qu'elle est écrasante pour les uns et insensible pour les autres. Remplacée par un impôt qui pèserait également sur chacun, elle deviendrait légère pour tous. Rachetée au moyen d'un emprunt, la charge s'allègerait encore en s'étendant sur les générations futures, qui seraient ainsi très justement appelées à y prendre part, puisqu'elles devront également participer à l'avantage qui résulte, sous tous les rapports ci-devant indiqués, de la création de nouvelles voies libres et franches entre les deux parties de Paris séparées par la Seine.

Au surplus, je ne saurais trop le répéter, l'avenir de Paris rive gauche, en dépend tout entier ; aucune autre mesure sans celle-là ne me semble de nature à y retenir la population ; et la désertion de la rive gauche est la ruine infaillible de la caisse municipale, la perturbation générale ; c'est conséquemment la confusion, la honte et le déshonneur de l'Administration.

PRINCIPES DE GRANDE VOIRIE, POSÉS PAR L'ADMINISTRATION.

Quant aux rues à percer et à élargir, quant aux îlots à reconstruire en entier, je trouve justes les observations suivantes, consignées dans une note du chef du bureau de la Voirie :

« Dans les projets à faire, il ne s'agit pas de créer une
» ville nouvelle, mais d'accommoder autant que possi-
» ble aux besoins actuels d'une très vieille ville, com-
» posée de parties construites les unes à côté des autres,
» sans vue d'ensemble, et qui cependant aujourd'hui ne
» doivent former qu'un tout ; que dans cet état le vrai
» besoin n'est pas de reconstruire, au gré des mœurs et
» des usages actuels, les maisons d'un quartier, mais de
» faire en sorte que tous les quartiers de la ville corres-
» pondent facilement ensemble, afin que la population
» ne trouve aucun obstacle à s'y distribuer également.
» Que là seulement est l'obligation de l'Administration
» publique ; que cette obligation accomplie, les amé-
» liorations de localités viendront d'elles-mêmes, solli-
» citées par l'intérêt privé des propriétaires. »

Je fais seulement observer, en passant, que l'affranchissement des ponts serait une des plus justes applications qu'on pût faire de ces principes.

RUES A OUVRIR ET A ÉLARGIR.

En ce qui regarde les projets d'ouverture de nouvelles rues, je serai beaucoup plus sobre que l'auteur que je viens de citer, dont les projets entraîneraient à une dépense de cent vingt millions. Au moyen du déplacement de la halle et de l'affranchissement des ponts, on peut se contenter d'un petit nombre de percemens ou d'élargissemens de rues, et obtenir un résultat peut-être plus satisfaisant que celui à espérer de l'exécution de tant de projets ruineux.

Je me bornerai donc à cet égard à des propositions *exécutables*, car je reconnais qu'il est d'une sage Administration de n'engager l'avenir qu'avec prudence ; et je dirai dans quel cas et dans quelle mesure je pense qu'il peut être engagé, après avoir indiqué les travaux de grande voirie qui me paraissent indispensables et urgens.

RUES SAINT-DENIS ET MONTMARTRE.

De ce nombre je place en première ligne l'élargissement de la rue Saint-Denis, à partir de la place du Châtelet à la rue de la Ferronnerie, et le prolongement de la rue Montmartre jusqu'à la même place du Châtelet, ou jusqu'au quai, ou tout au moins jusqu'à la rue Saint-Denis en l'y faisant aboutir par la rue de la Tabletterie.

Il ne faut pas perdre de vue que toutes les améliorations de voirie doivent tendre aussi à empêcher le déplacement de Paris, et à favoriser la construction des terrains nus renfermés dans son enceinte, afin d'y recevoir l'accroissement de population qu'on doit prévoir.

En supposant donc que Paris soit un jour habité dans toutes ses parties, le point sur lequel la circulation devra être la plus active sera le Pont-au-Change, parce que ce pont est celui qui se trouve le plus rapproché du point de centre de la Ville.

Heureusement ce pont est admirablement large ; il est le seul qui réponde complètement aux besoins de la circulation. Il convient donc de diriger la circulation vers ce point de principale et facile communication entre les deux rives de la Seine, et de faciliter celle qui doit s'établir entre le centre du mouvement des affaires et le centre d'approvisionnement, que je propose de reporter sur la rive gauche. De là la nécessité absolue de donner de larges débouchés sur ce point, et à la rue Saint-Denis qui communique aux quartiers les plus populeux, et surtout à la rue Montmartre qui traverse le grand centre d'activité.

Déjà, dans l'état actuel des choses, il n'est pas de lieux plus encombrés que le bas de la rue Saint-Denis et le bas de la rue Montmartre ; et nulle part un élargissement n'est plus nécessaire et plus urgent.

En conséquence, ma proposition de s'occuper, en *premier lieu*, de cet élargissement devrait être favorablement accueillie, *dans tous les cas*.

RUES DE LA CITÉ ET DE LA HARPE.

Ce qui est non moins nécessaire et urgent, c'est l'expropriation de quelques maisons dans la rue de la Cité, pour achever son élargissement d'un côté seulement.

Je proposerai ensuite d'élargir l'entrée de la rue de la Harpe, cette continuation de l'une des grandes routes les plus fréquentées qui traversent Paris.

Je laisse toutefois à étudier s'il ne serait pas préférable d'ouvrir une rue nouvelle, à partir d'un point pris dans l'axe du pont Saint-Michel, et qui rejoindrait la rue de la Harpe à la hauteur de la rue de l'École-de-Médecine. Ce dernier parti aurait l'avantage d'une ligne directe sur une ligne coudée, et d'offrir les moyens de diminuer la pente beaucoup trop forte qu'on rencontre en suivant la rue de la Harpe. J'ai, en outre, de fortes raisons de croire que la dépense serait moins considérable, attendu que l'expropriation atteindrait peu d'établissemens industriels, pour lesquels les indemnités de dépossession sont ordinairement très élevées. Par suite, l'intérêt particulier serait sans doute amené à percer une rue du carrefour des rues Racine et de l'École-de-Médecine dans la direction de la place Cambrai, pour établir une grande communication par la rue projetée de l'Ecole polytechnique et la rue Descartes, avec la rue Mouffetard et la route de Fontainebleau. L'État ou la Ville devrait au besoin subventionner l'entreprise de ce percement.

RUE SAINT-SÉVERIN ET RUE GALANDE.

Un des élargissemens les plus utiles serait ensuite celui de la rue Saint-Séverin et de la rue Galande, autre grande voie de communication avec la rue Saint-Victor. Et, pour ne pas surcharger cette dernière rue de la circulation relative à la halle générale, il serait très utile encore d'ouvrir une rue qui ferait suite à celle déjà tracée sur les terrains du cardinal Lemoine, de la rue des Fossés-Saint-Bernard à la rue de Pontoise, et qui de là aboutirait à la place Maubert, en face de l'entrée de la rue Galande. De cette manière, la circulation active qui s'établirait par cette dernière rue élargie, se diviserait entre la rue Saint-Victor et la rue nouvelle que je viens d'indiquer.

RUE DAUPHINE ET RUE DU FOUR-SAINT-GERMAIN.

Il est deux autres points de la rive gauche dont il est encore essentiel de s'occuper.

C'est la rue Dauphine, devenue insuffisante à l'activité

de la circulation qui a lieu par le Pont-Neuf, et la rue du Four, trop étroite en certaines parties.

L'élargissement de la rue Dauphine coûterait des sommes immenses ; il est dès lors préférable de suppléer à son insuffisance en bifurquant la voie qui fait suite au Pont-Neuf de ce côté, plutôt que d'élargir la rue Dauphine.

Il suffirait pour cela d'élargir, du côté droit seulement, la rue de Nevers, et de la prolonger jusqu'à la rue de Seine en l'y faisant déboucher vis-à-vis l'entrée de la rue Jacob, ci-devant du Colombier.

La nécessité de cette opération, peu dispendieuse en comparaison des immenses avantages qu'elle offrirait sous le rapport de la facilité des communications et de la sûreté publique, si fréquemment compromise dans la rue Dauphine, est trop évidente pour qu'il soit besoin de chercher à la démontrer davantage.

Il en est de même de l'élargissement de certaines parties très étroites de la rue du Four-Saint-Germain, qui fait suite à celles du Cherche-Midi, de Sèvres et de Grenelle, qui est par conséquent l'une des plus fréquentées de la rive gauche de la Seine, et qui est appelée à l'être de plus en plus si on prend les mesures que je propose pour rappeler un peu de vie et d'activité dans cette partie de la Ville.

RUE DE BUFFON.

Un point sur lequel il arrive de nombreux accidens qu'il importe de prévenir, c'est l'entrée de la rue de Buffon, par où descendent ordinairement les voitures de pierres, venant des carrières de Montrouge et d'Arcueil. Il est indispensable d'élargir cette entrée de rue, dans la direction de la rue Censier. Cette amélioration essentielle sera peu dispendieuse.

Il y a sans doute d'autres améliorations de voirie à apporter dans les quartiers de la rive gauche; mais, outre qu'on doit les attendre, en grande partie, de l'intérêt particulier, je ne veux m'occuper ici que des plus essentielles et des plus urgentes, de celles enfin qui peuvent contribuer efficacement à maintenir les établissemens commerciaux et la population sur cette rive de la Seine.

RUE DU PAON-SAINT-ANDRÉ-DES-ARTS.

J'indiquerai toutefois, comme étant encore extrêmement utile, le prolongement de la rue du Paon, d'un bout jusqu'au carrefour existant au bas de la rue de l'Odéon, et de l'autre jusqu'à la place Saint-André-des-Arts. Ce percement serait de nature à porter un peu de vie dans l'un des quartiers les plus tristes, les plus morts de Paris, malgré sa position concentrique.

C'est de ce quartier, inconnu à la plupart des Parisiens, formé de quelques rues étroites et humides qui se croisent et s'enchevêtrent comme les allées d'un labyrinthe, qu'un feuilletoniste disait naguère : « Il est une sorte de terrain » neutre qui n'est ni la ville ni la province, où rien n'est » changé de mémoire d'homme ; la spéculation s'est arrêtée sur ses limites ; on n'y a pas fait au soleil plus de » place pour en éclairer et réchauffer les appartemens » sombres ; et l'herbe y pousse toujours dans les cours. »

Cette description est trop vraie pour ne pas faire ressortir tout ce qu'il y aurait d'injuste à laisser ainsi un quartier tout entier étranger au mouvement général et à la plus-value qui en résulte pour les propriétaires; quand ceux de ce quartier sont soumis aux mêmes charges que ceux des environs de la Madeleine, qui ont vu, en moins d'un quart de siècle, se décupler la valeur de leurs propriétés.

Je pense donc que ce que la spéculation n'a pas fait pour ce quartier, la Ville doit le faire, ou tout au moins donner l'impulsion et provoquer des travaux et des améliorations de la part des particuliers par la mesure que je propose. Je rappellerai enfin que, depuis longues années, on avait préparé un débouché à la place Saint-Sulpice ; que des ventes faites en 1793 par le domaine ont stipulé des conditions de reculement à la volonté de l'Administration ; que c'est ainsi que s'est ouverte et prolongée la rue de Madame ; qu'il n'y a plus qu'à élargir la rue du Gindre et aviser au moyen d'arriver à la rue des Petits-Augustins par la rue Saint-Benoît. Le moment de donner suite à ce projet semble également venu.

Telles sont les principales améliorations de grande voirie, qu'il me semble indispensable et urgent d'exécuter sur la rive gauche de la Seine.

Quant à la rive droite, peu de nouveaux percemens de rues, sauf le prolongement de la rue Montmartre, me semblent absolument nécessaires ; et je suis convaincu que la plupart de ceux qui sont utiles seront exécutés par l'intérêt particulier, et que la Ville n'aura à intervenir que par de faibles subventions.

Ce n'est aussi, à mon avis, que par des subventions qu'elle devra encourager la reconstruction d'îlots entiers, qui pourrait être entreprise par des compagnies.

RUE LOUIS-PHILIPPE PROJETÉE.

Un grand projet qui est dans la pensée de tout le monde, c'est l'exécution d'une rue monumentale qui traverserait les quartiers compris entre le Louvre et la place de la Bastille. Je suis loin de contester l'utilité de ce grand percement. Sous le rapport stratégique, son exécution est on ne peut plus désirable ; il aurait en outre l'immense avantage de contribuer à assainir et à faire reconstruire et changer de face plusieurs quartiers qui déparent cette partie de la ville.

Il serait favorable aux quartiers de l'est, vers lesquels il étendrait les rayons du centre d'activité. Enfin, il ne serait pas inutile à la circulation, bien que la grande voie qu'il créerait dût se trouver très rapprochée de la magnifique ligne des quais, avec laquelle elle ferait en quelque sorte double emploi.

Mais les esprits sont fort divisés sur ce projet. Quelle ligne suivra-t-on? où s'arrêtera-t-on? D'abord, c'était une ligne droite tirée de l'axe du Louvre à la colonne de Juillet, qui devait former l'axe de cette grande rue; et ces deux points en indiquaient les extrémités.

Aujourd'hui, on semble pencher à ouvrir cette rue sur une ligne qui la ferait aboutir au nord du Louvre, comme pour faire suite à la rue de Rivoli, et on ne l'exécuterait que jusqu'à l'Hôtel-de-Ville. Ce n'est qu'après une étude comparative et approfondie de la dépense à laquelle pourrait donner lieu l'exécution de chacun de ces projets, et sur la vue de plans exacts, qu'il serait possible de se prononcer pour l'un ou pour l'autre.

Ce que je sais de certain, c'est que cette dépense sera toujours au-dessus des ressources que la Ville pourrait *raisonnablement y employer;* que l'exécution de cette rue, dans un système ou dans un autre, n'est possible qu'au moyen d'une très forte subvention de l'État.

La question est de savoir si les Chambres voudront la voter.

Il importerait cependant d'être fixé à cet égard ; car, selon que ce projet devra ou ne devra pas se réaliser, il y aura à s'occuper ou à ne pas s'occuper de l'amélioration ou de l'élargissement de certaines rues, surtout dans les 4e, 6e et 7e arrondissemens, c'est-à-dire, au centre de Paris, qu'il faut avant tout désobstruer par des opérations qui, bien entendues et exécutées sur une large échelle, profiteront à tous les quartiers dont les habitans ont à traverser ce centre pour se rendre aux environs de la Bourse.

ACHÈVEMENT DU LOUVRE.

Il importe également d'être fixé sur le projet d'achèvement du Louvre, qui tient en suspens toute décision d'alignement et d'élargissement des rues comprises entre ce palais, la place du Carrousel et la rue Saint-Honoré.

NOUVEAU PONT
DU QUAI DE LA MÉGISSERIE AU PALAIS DE JUSTICE.

Une autre question préjudicielle, qu'il est encore essentiel de décider, est celle d'un pont projeté du quai de la Mégisserie à celui de l'Horloge. Jusque-là, on ne peut rien arrêter relativement aux communications à établir, ou aux rues à élargir dans le quartier compris entre le premier de ces quais et la rue Saint-Honoré.

TRAVERSES ROYALES.

Tous les efforts de la commission doivent donc tendre à connaître, d'abord, les intentions du Gouvernement, non seulement à l'égard des projets que je viens de rappeler, mais encore à l'égard de l'élargissement si indispensable de plusieurs traverses royales, élargissement dont la dépense incombe de droit à sa charge, et qu'il est peut-être dangereux d'ajourner, non moins dans l'intérêt de l'État que dans celui de la ville de Paris.

QUARTIERS DE LA VERRERIE ET DES BOURDONNAIS.

Mais, raisonnant dans l'hypothèse où, contre toute attente, le Gouvernement ne comprendrait pas qu'il a le devoir de venir en aide à la Ville, il est hors de doute, par exemple, qu'à défaut de l'exécution de la rue Louis-Philippe, il deviendrait nécessaire d'élargir la rue de la Verrerie, au moins dans la partie comprise entre la rue Barre-du-Bec et la rue Saint-Martin; et, pour éviter l'élargissement de la rue des Lombards, qui entraînerait à une dépense énorme, il serait encore essentiel d'opérer un percement qui, de la rue Saint-Martin, en face du cloître Saint-Merri, irait aboutir à la rue de la Ferronnerie par la rue de la Reynie, élargie à cet effet jusqu'à la rue des Trois-Maures. Un élargissement qui deviendrait également fort utile serait celui de la ligne formée par les rues de la Heaumerie et Jean-Pain-Molet, et qu'on ferait déboucher directement sur la place de l'Hôtel-de-Ville.

Il y aurait en outre des opérations de grande voirie indispensables à exécuter dans le quartier des Bourdonnais, et qui y sont à la fois réclamées par un intérêt d'assainissement, de circulation et de sûreté publique.

ÉLARGISSEMENT DE DIVERSES PARTIES DE RUES.

Enfin, ce qui me semble nécessaire et urgent, dans tous les cas, sur la rive droite de la Seine, indépendamment de l'élargissement de l'entrée de la rue Saint-Denis et du prolongement de la rue Montmartre, c'est :

1° L'élargissement de la rue Traînée et de la rue Coquillière jusqu'au carrefour formé par les rue de Grenelle et Jean-Jacques Rousseau, pour faire suite à la rue Rambuteau.

2° L'exécution de l'alignement du quai Saint-Paul pour achever la ligne des quais du midi ;

3° L'élargissement du débouché de la rue de l'Égout dans la rue Saint-Antoine ;

4° La mise à l'alignement de quelques maisons qui forment étranglement dans la rue Saint-Antoine, entre la rue du Pont-Louis-Philippe et la rue Geoffroy-Lasnier ;

5° L'achèvement de l'élargissement de la rue Barre-du-Bec, du côté des numéros impairs ;

6° Et l'expropriation, déjà proposée par M. Lahure, des maisons d'angle des grandes artères de communication et des rues les plus encombrées, afin d'y commencer l'exécution de l'alignement qui, par suite de cette impulsion donnée, s'opèrerait le plus souvent en entier et en très peu de temps, les propriétaires trouvant eux-mêmes intérêt à l'exécuter.

DIVISION DES RUES EN PLUSIEURS CLASSES.

Je ferai seulement observer que cette dernière mesure exige préalablement une division des rues en trois classes, comme je l'ai proposé dans mon rapport précité du 1ᵉʳ août 1839, afin de ne commencer d'abord cette mise à l'alignement des maisons d'angle que dans les rues de premier ordre ou de grande circulation, à l'élargissement desquelles le fonds ordinaire de grande voirie devra à l'avenir être, à très peu d'exceptions près, exclusivement consacré, et par ordre d'urgence.

Je ne saurais trop le répéter ; c'est alors seulement qu'au lieu de disséminer les travaux de grande voirie et de les faire porter sur des rues sans importance, on les exécutera avec suite sur les lignes principales, qu'on aura enfin commencé à remédier efficacement à l'encombrement des rues de Paris, et fait un bon emploi du fonds de grande voirie.

Qui ne comprend, en effet, qu'il suffirait que chaque quartier fût traversé par deux grandes rues s'y croisant pour que la circulation y eût lieu sans encombrement ?

Une fois ces grandes lignes ouvertes ou dégagées, il est évident que les voitures employées au transport des marchandises et des matériaux, celles dites *Omnibus* et autres de ce genre, les suivraient de préférence. Je n'hésite d'ailleurs pas à ajouter qu'il n'y aurait aucune difficulté à les y obliger, au besoin, par une mesure de police prise dans l'intérêt de la sûreté publique.

J'insiste donc de toutes mes forces pour qu'il soit procédé à la désignation des rues qui sont susceptibles de former ces principales artères de communication, sur lesquelles l'action de la grande voirie devra principalement se porter.

RÉCLAMATIONS A FAIRE A L'ÉTAT.

L'Administration de la ville de Paris doit d'ailleurs insister elle-même pour que ces rues de premier ordre soient toutes considérées comme traverses royales; car, alors que la France se sillonne partout de routes nouvelles, Paris, qui beaucoup plus que toutes les autres localités du royaume, contribue aux charges de l'État et par le dixième de ses droits d'octroi si considérables, et par le service si lourd de sa garde nationale, ne peut ainsi demeurer exclu de la répartition des travaux de grande voirie qui s'exécutent de toutes parts aux frais de l'État.

Ainsi, à l'égard des ponts, par exemple, n'est-il pas surprenant que depuis l'achèvement du pont de la Concorde, au commencement du règne de Louis XVI, un seul pont libre, le pont d'Iéna, ait été construit à Paris, dont la population s'est presque doublée, et dont les besoins de communication entre les deux rives de la Seine se sont accrus dans la même porportion?

Il est impossible que des réclamations à cet égard ne soient pas entendues du gouvernement et ne soient pas comprises par les chambres, auxquelles on n'a peut-être pas assez dit *que la ville de Paris n'est riche que des sacrifices qu'elle impose à ses habitans; qu'elle ne s'est créé des ressources et n'a exécuté de grands travaux qu'avec le* PRODUIT DE SES OCTROIS ; *et que c'est faute de recourir à un semblable moyen, ou de l'étendre dans de justes limites que quelques villes de province semblent, proportion gardée, avoir moins de ressources.*

En attendant justice à cet égard, je pense qu'on doit s'occuper des autres mesures essentielles que j'ai proposées, et au moyen desquelles j'ai l'opinion bien arrêtée que l'Administration municipale parviendrait à faire disparaître la plupart des obstacles qui entravent la circulation, et qu'elle amènerait un grand nombre de propriétaires à reconstruire à l'alignement, dans leur propre intérêt, les maisons ignobles et conséquemment peu productives qui déparent et obstruent encore beaucoup de rues.

PROJETS DÉJA PROPOSÉS.

Je n'ai pas parlé des projets de grande voirie déjà proposés ou sur le point d'être proposés au Conseil Municipal. J'ai supposé que tous seraient exécutés; et je suis convaincu qu'avec le déplacement de la halle générale et l'affranchissement des ponts, il suffirait, quant à présent, de réaliser les autres améliorations que j'ai indiquées, pour arrêter le mouvement qui tend à porter Paris vers le nord-ouest, et pour empêcher la population des quartiers opposés de les abandonner.

Il ne faut néanmoins pas se dissimuler que la longue centralisation sur un même point des dépenses d'embellissement et d'amélioration de la voie publique n'ait puissamment contribué à y attirer la population et le commerce, et n'ait jeté le découragement parmi les habitans des autres quartiers. Cela est vrai à ce point que, cette impulsion donnée, il n'a pas suffi pour en arrêter l'effet, de répartir plus équitablement, depuis quelques années, ces sortes de travaux. Il faut donc que les quartiers qui avaient été délaissés pendant quelque temps soient aujourd'hui, ainsi que je l'ai déjà dit, l'objet d'une sollicitude particulière, d'une sorte de préférence marquée, de la part de l'Administration, dans tout ce qui peut contribuer à la prospérité générale.

QUESTIONS FINANCIÈRES.

Il me reste maintenant à émettre mon opinion sur les mesures financières auxquelles l'Administration pourrait avoir recours, pour mettre à exécution le système que je viens d'exposer, et que je crois le plus propre à combattre efficacement le déplacement du centre d'activité, à en étendre le cercle, à rendre la vie à la rive gauche de la Seine, à soulager quelques autres quartiers en souffrance, et à remédier le plus possible à l'encombrement, dangereux pour la sûreté publique, qui se fait remarquer sur un grand nombre de points.

RAISONNEMENS SUR L'EMPRUNT.

Lorsqu'il s'agit d'atteindre un but aussi immense, de satisfaire à des besoins aussi grands et aussi impérieux par des mesures qui doivent profiter à l'avenir plus encore qu'au présent, il me semble qu'il est non seulement sans injustice, mais encore sans imprudence, qu'il est d'une bonne administration enfin, de faire peser la dépense de leur exécution sur l'avenir, dans une juste proportion.

Ce qui me semblerait au contraire d'une administration parcimonieuse et à vues rétrécies, ce serait de laisser peser sur la génération présente seule, l'acquit des dettes du passé, la dotation des services courans, et d'énormes sacrifices en vue du bien-être de l'avenir. L'équité ne veut-elle pas, en effet, que chaque génération recueille et jouisse en raison des charges qui lui sont imposées ? Celles que la génération actuelle supporte sans se plaindre sont assez considérables, pour qu'on ne puisse songer à les augmenter, et pour que le produit en soit employé à des améliorations dont elle puisse jouir immédiatement. J'admets très bien, toutefois, que le présent se préoccupe constamment de l'avenir ; qu'il saisisse toutes les occasions favorables pour lui créer des ressources nouvelles, ainsi qu'on s'est efforcé de le faire dans ces derniers temps ; mais alors les dépenses faites pour la création d'établissemens municipaux concédés, par exemple, qui ne feront retour à la ville ou ne seront productifs de revenus que dans un temps plus ou moins éloigné, constituent bien évidemment une créance du présent sur l'avenir, qui peut et qui doit être le plus souvent compensée sans inconvéniens par des emprunts, auxquels ces produits à venir ainsi créés, suffiront toujours à faire face.

Je crois donc que c'est dans cet appui mutuel, que doivent constamment se prêter le présent et l'avenir, qu'une administration éclairée doit chercher les moyens d'obtenir le bien-être de tous les deux, sans écraser l'un au profit de l'autre.

Je reconnais encore qu'il est sage de se ménager dans les temps prospères, des ressources pour les temps calamiteux.

Je sais tout ce qu'un pareil devoir peut avoir d'impérieux à Paris, si souvent exposé à des évènemens ou à des crises de toute nature; mais il ne s'ensuit nullement qu'on doive s'interdire systématiquement d'y grever l'avenir.

A Paris comme partout ailleurs, il est certainement des cas où il est juste, où il est rationnel de recourir à l'emprunt; et ces cas se présentent non seulement lorsqu'il s'agit de créer des établissemens productifs de revenus, mais encore lorsqu'il s'agit de réaliser, tout à la fois, au profit du présent et de l'avenir, de grandes améliorations qu'un ajournement rendrait plus difficiles ou plus dispendieuses, et à plus forte raison, lorsque cet ajournement les rendrait impossibles, ou aurait des conséquences fâcheuses, soit dans un intérêt d'ordre et de sûreté publique, soit dans un grave intérêt politique.

Or, pour peu qu'on veuille bien réfléchir sur les améliorations dont je propose la prompte exécution, on se convaincra facilement, qu'elles ont toutes l'un ou l'autre de ces caractères. Aussi, la question qui se présente n'est-elle pas seulement de décider si l'on appellera l'avenir à suppléer aux ressources insuffisantes du présent, pour l'exécution immédiate de mesures qui deviendront de plus en plus nécessaires, et dont la dépense serait peut-être décuple pour lui si on les ajournait pour longtemps; elle consiste à savoir si l'on doit livrer Paris aux générations futures dans un état normal, dans des conditions de vie et d'avenir prospères, mais avec quelques dettes; ou si, en évitant de grever l'avenir, on lui lèguera cette capitale du monde civilisé, déplacée, séparée de ses monumens, brillante encore sur un point, mais ignoble et misérable sur beaucoup d'autres, mais déserte dans plusieurs parties, mais dans des conditions d'insalubrité, d'encombrement et de désordre irrémédiables, et partant, de ruine plus ou moins prochaine.

SITUATION FINANCIÈRE DE LA VILLE DE PARIS.

La question ainsi posée me semblera résolue, si surtout je parviens à établir clairement que l'avenir est débiteur de sommes assez considérables envers le présent; qu'il aura plus de ressources et moins de charges; et qu'en conséquence il doit être appelé à concourir aux dépenses extraordinaires dont il doit recueillir les principaux avantages.

J'ai recherché, à cet effet, quelle était la situation financière de la ville de Paris à différentes époques, afin de connaître quel a été pour le présent, l'héritage du passé, et quel sera pour l'avenir l'héritage du présent.

En remontant au commencement du XIXe siècle, c'est-à-dire, au 1er janvier 1801, j'ai trouvé qu'à cette époque la ville de Paris n'avait point de dettes, et que pendant la période de neuf ans qui s'écoula jusqu'en 1810, elle n'en contracta aucune; que cependant, les dépenses extraordinaires profitant à l'avenir qui eurent lieu pendant cette période, s'élevèrent,

SAVOIR:

Acquisitions pour grands travaux..	929,834. 30
Constructions et restauration d'édi-	
A reporter....	929,834. 30

Report	929,834. 30
fices communaux................	907,017. 13
Canaux de l'Ourcq et Saint-Martin.	8,295,266. 90
Élargissement de la voie publique.	1,692,930. 35
TOTAL..	11,825,048. 68

Ainsi cette période de neuf ans légua à l'avenir un boni de...................... 11,825,048. 68

Soit en moyenne par an. 1,313,894. 30.

Du 1ᵉʳ janvier 1810 au 1ᵉʳ janvier 1830, c'est-à-dire pendant une période de vingt ans, les dépenses extraordinaires se sont élevées,

SAVOIR :

Acquisitions pour grands travaux..	14,048,229. 43
Grands travaux................	62,183,834. 26
Canaux......................	40,881,061. 38
Élargissement des rues..........	11,064,893. 62
TOTAL.....	128,178,018. 69

Sur quoi déduisant,

SAVOIR :

Produit de la revente de terrain.........	399,343. 99	1,198,204. 59
Subventions du trésor...............	798,860. 60	

Reste employé pendant cette période de vingt ans, au profit de l'avenir, sur les deniers municipaux..... 126,979,814. 10

Mais les dettes contractées et non payées pendant la même période, s'élevaient au 1ᵉʳ janvier 1840,

SAVOIR :

En capital....................	46,254,569. »
En intérêts et amortissement jusqu'à extinction à................	15,872,636. »
ENSEMBLE à........	62,127,205.

En sorte que cette charge de l'avenir déduite des sommes employées à son profit, celles-ci se trouvent réduites à........................ 64,852,609. 10

Montant du boni réalisé en définitive de 1810 à 1830, soit en moyenne par an.............. 3,242,630. 45.

Il est à remarquer que cette période a été traversée par la disette et par l'occupation militaire ; et que les sacrifices faits par la Ville pour diminuer le prix du pain, se sont élevés, déduction faite des subventions de l'État, à........................ 11,766,625. 91

Et pour les frais d'occupation militaire de réquisition de guerre à...... 44,920,294. 85

Total....... 56,686,920. 76

Quant à la période qui s'est écoulée du 1er janvier 1830 au 1er janvier 1840, j'ai d'abord pris les trois premières années, pendant lesquelles la révolution de Juillet, les émeutes et le choléra ont occasionné des dépenses accidentelles considérables ; et j'ai trouvé que les dettes créées ou reconnues pendant ces trois années, se sont élevées en capital à............... 48,513,980. »

En intérêts et amortissement jusqu'à extinction, à................ 24,110,240. »

Total....... 72,624,220. »

Que les sommes payées sur la dette pendant le même temps ont été de... 33,706,713. »

Et qu'en conséquence la dette qui était au 1er janvier 1830 de....... 62,127,205. » ci 62,127,205. »

s'est accrue de....... 38,917,507. » ci 38,917,507. »

et s'est trouvée portée à 101,044,712. » ....

Report....	38,917,507. »

J'ai reconnu d'un autre côté que les dépenses extraordinaires de toute nature au profit de l'avenir, ne se sont élevées pendant les mêmes trois années, qu'à une somme totale de.... 15,307,777. »

En sorte que ces trois exercices présentent un déficit de.............. 23,609,730. »

A quoi il faut ajouter le montant des reventes de terrains et de maisons, opérées pendant les mêmes exercices. 569,294. 94

Ce qui élève en définitive ce déficit à............................. 24,179,024. 94
dont l'avenir a réellement été grevé pendant ces trois ans.

Mais venant ensuite aux sept dernières années écoulées du 1ᵉʳ janvier 1833 au 1ᵉʳ janvier 1840, j'ai vu que la dette qui était de.............. 101,044,712. »
à la première époque, n'était plus à la dernière que de................. 62,567,125. »

et qu'en conséquence une somme de 38,477,587. »
avait été acquittée.

Quant aux dépenses extraordinaires de toute nature profitant à l'avenir, elles ont été :

En 1833 de..... 2,855,915.
En 1834 de..... 3,348,932.
En 1835 de..... 5,030,351.
En 1836 de..... 5,602,239.
En 1837 de..... 6,710,933.
En 1838 de..... 8,292,475.

Ensemble de..31,840,845.

A quoi ajoutant celles

*A reporter......*31,840,845.

Report....31,840,845.
payées pendant l'exercice
1839, dont le chiffre exact
n'est pas encore connu,
mais qu'on peut évaluer à 8,200,000.

J'ai eu pour TOTAL.. 40,040,845. ci 40,040,845. »

Lequel ajouté aux paiemens effectués sur la dette, élève les sommes payées en ces sept années, tant à l'acquit du passé qu'au profit de l'avenir, à la somme de........................ 78,518,432. »

Et les reventes de terrains et de maisons ayant produit pendant le même temps, ci................ 1,142,988. 13

Le *boni* sur les sept dernières années se trouve être en définitive de....... 77,375,443. 87
soit en moyenne par an 11,053,634. 84

Si l'on déduit de ce boni le déficit des années 1830, 1831 et 1832, ci... 24,179,024. 94

Il restera sur les dix dernières années un boni de.................. 53,196,418. 93
soit en moyenne par an 5,319,641. 89

Si enfin on veut réunir les sommes employées en travaux et en dépenses extraordinaires au profit de l'avenir depuis l'année 1800, déduction faite des reventes de propriétés, on aura une somme totale de 192,441,201. 84

Le chiffre de la dette restant à payer au 1er janvier 1840, n'étant en capital que de............ 49,589,316.

En intérêts jusqu'à extinction que de.... 12,977,809.

ENSEMBLE...... 62,567,125. ci 62,567,125. »

L'avenir serait débiteur envers le passé de........................ 129,874,076. 84

Mais il est juste de reconnaître que le passé a joui dans une certaine proportion des améliorations obtenues au moyen desdites dépenses extraordinaires, et qu'en conséquence, l'avenir ne doit être considéré comme débiteur, que de la partie qui excède cette proportion. Seulement la difficulté est d'en déterminer la quotité, et cette difficulté est grande ; car il faudrait, pour la résoudre, assurer une durée aux améliorations obtenues ou aux établissemens ou édifices créés.

Or, cette durée, toujours considérable, varie cependant à l'infini ; ainsi les marchés, les abattoirs, les entrepôts, quoique construits monumentalement, n'auront probablement pas la même durée que la Bourse ; celle des églises Saint-Denis, du Saint-Sacrement, Saint-Pierre-du-Gros-Caillou, Notre-Dame-de-Laurette, Saint-Vincent-de-Paul, ne sera pas exactement la même pour toutes ces églises. Les bâtimens acquis pour les mairies de plusieurs arrondissemens ne sont pas impérissables, comme ceux de l'Hôtel-de-Ville. Les travaux des égouts, des quais et des canaux n'auront qu'une durée plus ou moins longue, tandis que les dépenses employées à l'élargissement de la voie publique profiteront à toutes les générations futures.

J'estime toutefois que si l'on prenait une durée moyenne de trois siècles pour base du calcul de proportion à établir, on s'éloignerait peu de la vérité ; mais comme il ne s'agit nullement d'engager un aussi long avenir, et que j'admets volontiers que chaque siècle transmette, quittes de toutes charges, au siècle suivant, les améliorations et les créations qui se sont opérées pendant sa durée, je supposerai que les dépenses extraordinaires faites pendant les quarante premières années du siècle actuel ne doivent profiter qu'à ce même siècle. La proportion entre le passé et l'avenir sera alors celle de 40 à 60.

Ces dépenses s'étant élevées à...	192,441,201 f.	84 c.
Les 4/10mes ayant profité au passé seraient de................	76,976,480	74
Et les 6/10mes devant profiter à l'avenir, de................	115,464,721	10
Sur lesquels 6/10mes déduisant le montant de la dette restant à payer, ci......................	62,567,125	»
Les 60 dernières années du siècle actuel se trouveraient débitrices envers les 40 premières de........	52,897,596	10

Telle est bien la véritable situation des choses, mais je crois néanmoins devoir établir une distinction entre les dépenses extraordinaires qui sont productives et celles qui sont improductives.

Je ne devrais peut-être ranger parmi ces dernières que celles relatives à l'établissement des égouts et des quais, et celles d'élargissement de la voie publique, qui ne profitent réellement à l'avenir que parce qu'il aurait eu à les faire, si elles n'étaient faites ; mais j'y ajouterai celle de la construction des églises, de la Bourse, de l'Hôtel-de-Ville, et les acquisitions pour les mairies, en faisant observer toutefois, que non seulement l'avenir aurait eu à les faire, mais qu'il aurait eu, jusque-là, à supporter des loyers considérables, pour satisfaire aux divers services publics auxquels ces constructions et ces acquisitions ont pourvu.

ÉTABLISSEMENS COMMUNAUX CRÉÉS DEPUIS LE COMMENCEMENT DU SIÈCLE.

Or, exonérer l'avenir d'une dépense annuelle, c'est augmenter ses ressources, à l'égal de la création d'un revenu ; mais je veux me borner à indiquer ici quels sont actuellement, et quels seront un jour, pour la Ville, les revenus des établissemens communaux créés depuis le commencement du siècle.

Ceux dont la Ville jouit actuellement se sont élevés en 1838, savoir :

Établissemens hydrauliques.....	767,127 f.	17 c.
Abattoirs.....................	1,105,181.	45
Entrepôts.....................	330,621.	59
Location des places et abris dans les halles et marchés.............	580,602.	72
Loyer des propriétés communales.	122,064.	66
Concessions pour sépultures temporaires......................	210,650.	»
Exploitations des voiries........	166,000.	»
Produit du collége Rollin.......	40,000.	»
dont 20,000 fr. employés au paiement du prix d'acquisition.............	3,322,247.	59

En l'an 8 ou 1800, les seuls de ces revenus qui existassent étaient ceux-ci :

Établissemens hydrauliques........	418 f.	62 c.	
Loyers de propriétés communales........	72,567.	89	
Ensemble...	72,986.	51 ci.	72,986. 51

Ainsi, les revenus créés depuis l'année 1800, et provenant d'établissemens construits ou d'acquisitions, sont encore de 3,249,261. 08
qui, au denier 20, représentent un capital de..................... 64,985,221. 60

Ceux également créés pendant la même période, mais dont la jouissance est concédée pour un temps plus ou moins long, sont ceux des établissemens suivans, savoir :

ETABLISSEMENS.	EXPIRATION de la CONCESSION.	PRODUITS PRÉSUMÉS 19e siècle.	PRODUITS PRÉSUMÉS 20e siècle.
Marché Popincourt............	30 mars 1901	»	7,176.
d° des Patriarches.........	août 1912	»	8,850.
d° de Sceaux.............	31 déc. 1853	82,000.	»
d° Saint-Maur-du-Temple...	15 mai 1907	»	8,950
Halle aux veaux, aux vaches et aux porcs.................	1887	71,250.	»
Halle aux fruits et au vieux linge.	1900	»	31,506.
Entrepôt de douane de l'Ile des Cygnes...................	1915	»	Mémoire.
Entrepôt de douane de la place des Marais.................	3 mars 1915	»	Mémoire.
Entrepôt d'octroi............	3 mars 1915	»	Mémoire.
Entrepôt des................	3 mars 1915	»	Mémoire.
Abattoir des chevaux.........	1870	Mémoire.	»
Panorama des Champs-Elysées...	31 déc. 1879	Mémoire.	»
Cirque.	31 mars 1881	Mémoire.	»
Canal de l'Ourcq et Saint-Denis...	1er janv. 1922.	(1)	Mémoire.
Canal Saint-Martin............	1er janv. 1922.		Mémoire.

(1) Les canaux de l'Ourcq et de Saint-Denis ont coûté à la ville jusqu'à 1839... 33,600,000.
» Le canal Saint-Martin....................... 15,700,000.
» La distribution des eaux de l'Ourcq dans Paris.... 14,900,000.
                TOTAL.......... 64,200,000.

« On ne sait pas au juste quel est le revenu des canaux;
» les compagnies concessionnaires trouvent indiscrètes

» toutes questions à ce sujet ; seulement on croit que les
» canaux de l'Ourcq et de Saint-Denis n'ont point encore
» donné de dividende, et que les produits en ont été jus-
» qu'ici employés en travaux d'amélioration qui assurent
» un produit de plus en plus considérable.

» Quant au canal Saint-Martin, on sait qu'il a com-
» mencé en 1838 à donner 4 pour cent des dépenses
» faites par la compagnie, au-delà de la somme payée
» par la Ville, et on sait que ces dépenses ont été
» de...................................... 3,500,000 fr.
» ce qui porterait le revenu à près de 150,000 fr.

» Ce revenu ne peut que s'accroître chaque année. »

On voit par l'état qui précède que la Ville n'entrera en jouissance que d'un petit nombre de ces établissemens dans le siècle courant; mais on n'en demeurera pas moins étonné qu'elle ait pu dans un espace de quarante ans les créer tous.

Si ensuite on se rend compte des revenus considérables dont presque tous ces établissemens, et notamment les canaux, seront productifs dès les premières années du siècle prochain, on sera complètement rassuré sur l'avenir, on sera même convaincu que les charges imposées à la génération présente pour préparer un pareil avenir pourront être considérablement allégées, non seulement en raison de l'accroissement immense des revenus, mais encore parce que désormais il y aura infiniment moins à créer.

Quoi qu'il en soit, il demeure bien établi que la génération présente est en avance avec l'avenir, d'une somme de plus de 50 millions dépensée en améliorations, en grands travaux et en création d'établissemens qui lui profitent ou doivent lui profiter plus tard ; et que, dès maintenant, les sacrifices qu'elle s'est imposés pour subvenir à cette énorme dépense ont produit un accroissement de revenus de plus de trois millions.

Il en résulte évidemment que l'avenir, si favorisé, peut et doit d'autant plus être appelé à venir en aide au présent pour la prompte exécution des mesures importantes que je propose, que ces mesures, en soulageant le présent, sont indispensables pour sauver l'avenir d'une perturbation générale.

MESURE DANS LAQUELLE ON PEUT RECOURIR A L'EMPRUNT.

Le principe de l'emprunt, ainsi résolu dans mon esprit, de même que les questions d'utilité et d'opportunité, il ne s'agit plus que de savoir dans quelle mesure on aura recours à cette ressource extraordinaire.

Cela dépendra essentiellement des propositions qui pourront être adoptées, et de l'activité qu'on croira devoir apporter à leur exécution.

Je m'empresse de reconnaître avec mon collègue, M. Lahure, qu'il pourrait y avoir de graves inconvéniens à opérer immédiatement un trop grand nombre de démolitions ; que les reconstructions non moins nombreuses qui en résulteraient, feraient augmenter outre mesure le prix des matériaux et de la main-d'œuvre, et qu'en outre, elles attireraient à Paris une trop grande masse d'ouvriers qui pourrait devenir un embarras dans le cas où, par un évènement quelconque, on serait obligé de suspendre les travaux.

NÉCESSITÉ D'AUGMENTER LA DOTATION DU FONDS DE GRANDE VOIRIE.

Mais s'il est sage de ne pas trop multiplier tout à coup les travaux, il est nécessaire cependant d'augmenter ceux de grande voirie surtout, dont la marche, quoique déjà active, est loin encore de répondre aux besoins les plus pressans de la circulation.

Or, ces travaux auxquels on a employé annuellement deux millions depuis 4 ou 5 ans, me semblent devoir être plus que doublés; on pourrait y consacrer une dépense annuelle de 5 à 6 millions tant que dureront les travaux des égouts; et la dépense consacrée à ces derniers travaux pourrait ensuite être affectée à la grande voirie, et en porter la dotation à 8 millions par an, jusqu'à l'achèvement des élargissemens les plus urgens des voies de communication de premier ordre.

On voit que, dans ce cas, le concours à demander à l'avenir serait d'environ 3 millions par année; et je suis convaincu qu'il suffirait de dix à douze années pour opérer les améliorations les plus indispensables de la voie publique. La dépense relative à la formation du périmètre de la halle ayant le même but, pourrait être prise sur ce fonds extraordinaire de grande voirie. Quant à la construction des abris, elle pourrait faire l'objet d'un traité de concession du droit à percevoir, et ne donner lieu à aucun déboursé; mais, si on le préfère, on pourrait y affecter, après l'achèvement de l'Hôtel-de-Ville, une somme égale à celle affectée annuellement à l'agrandissement de cet édifice.

MOYEN DE POURVOIR A L'AFFRANCHISSEMENT DES PONTS.

Resterait à pourvoir à l'affranchissement des ponts.

Dans l'hypothèse d'un abonnement annuel avec les compagnies concessionnaires, les ressources ordinaires du Budget, ainsi que je l'ai déjà dit, seraient probablement suffisantes, pour peu que les perceptions de l'octroi se soutiennent au chiffre actuel; et tout porte à croire qu'une nouvelle activité dans les travaux viendrait élever notablement ce chiffre.

Dans l'hypothèse du rachat des concessions, je serais d'avis qu'il fût, à cet effet, contracté un emprunt spécial dont l'amortissement ne commencerait à être mis en activité qu'après le remboursement des dettes actuellement existantes.

Cet amortissement et les intérêts de cet emprunt spécial pourraient, au besoin et seulement en cas d'insuffisance des ressources ordinaires, être l'objet d'une surimposition particulière.

La taxe du péage se trouverait dans ce cas de pis-aller, ainsi convertie en un impôt qui aurait sur elle l'avantage d'être répartie également sur toute la population parisienne, au lieu de peser seulement ou presque exclusivement sur la plus malheureuse.

On voit que, du reste, à moins qu'il ne s'agisse de l'exécution EXTRA-MUNICIPALE de la rue Louis-Philippe projetée, le concours à demander annuellement à l'avenir, pendant un certain nombre d'années, n'atteindrait même pas, à beaucoup près, la somme annuellement payée en acquit de l'amortissement et des arrérages des anciennes dettes ; et que la situation de l'avenir *continuerait encore à s'améliorer*, quoique dans une moindre proportion que celle qui résulte de l'administration des sept dernières années.

Quand d'ailleurs je considère qu'un plus long ajournement des mesures proposées aurait pour l'avenir non moins que pour le présent les conséquences les plus désastreuses, je ne puis que me confirmer dans l'opinion que je viens d'exprimer, qu'il est sage, qu'il est d'une bonne administration de recourir à l'emprunt pour hâter des améliorations si nécessaires, si urgentes et si unanimement réclamées par l'opinion publique.

OPINION CONTRAIRE A UN NOUVEL IMPOT.

Je ne puis admettre, sauf au besoin pour remplacer la taxe du passage sur les ponts, qu'en présence d'un avenir aussi prospère que celui que présente la situation financière de la Ville, on surcharge les citoyens d'un nouvel impôt, dans un moment où déjà les charges existantes sont lourdes, quoique supportées avec résignation en considération du bon emploi de leur produit.

QUESTIONS RESTANT A ÉTUDIER.

Quant aux questions relatives à l'interprétation de certains articles de la loi du 7 juillet 1833, ou aux modifications qu'il serait désirable d'y apporter pour rendre moins onéreuse à la Ville l'exécution des projets de grande voirie qui sont ou seront déclarés d'utilité publique, j'espère que mes collègues de la Commission, plus versés que moi en cette matière, voudront bien s'en occuper et m'éclairer à ce sujet de toute la supériorité de leurs lumières.

BUT DU PRÉSENT TRAVAIL.

Heureux si, en exposant dans ce travail le faible tribut de mes réflexions sur le fond même des autres questions soumises à l'examen de la Commission, j'ai réussi à émettre quelques idées utiles, et à justifier la confiance de l'autorité qui m'a appelé à l'honneur de faire partie de cette Commission.

Paris, ce 30 avril 1840.

Signé : LANQUETIN,
Membre du Conseil Municipal de Paris.

P. S. *Voir ci-après le tableau statistique.*

LISTE DES MAISONS DE COMMERCE D'ÉTOFFES DE SOIE EN GROS
QUI SE SONT DÉPLACÉES DE 1826 A 1840.

NOMS.	ANCIENNE DEMEURE.	NOUVELLE DEMEURE.
VERNHES,	3, rue des Déchargeurs.	4, rue de la Vrillière.
ARMAGIS et comp.,	138, rue Saint-Denis.	23, rue Vivienne.
BONNAUD,	7, rue du Chevalier-du-Guet.	52, rue de l'Arbre-Sec.
CAREZ et VACOSSIN,	18, rue des Mauvaises-Paroles.	rue de Valois-Palais-Royal.
COMBON-VALETTE,	193 et 277, rue Saint-Denis.	31, place de la Bourse.
DELON-BARBIER,	21, rue des Bourdonnais.	102, rue Richelieu.
JOSEPH, LECOQ et comp.,	19, rue des Mauvaises-Paroles.	8, rue Montesquieu.
NOAILLES frères et comp.,	14, rue aux Fers.	4, rue de la Bourse.
PAPIN et comp.,	Saint-Honoré.	4, rue des Fossés-Montmartre.
ROUSSELLE, oncle neveu et HAV.,	14 et 16, rue Thibautodé.	10, rue des Fossés-Montmartre.
THOMAS frères,	4, rue Boucher.	55, rue Croix-des-Petits-Champs, place des Victoires.
LONDE et BRANDAO,	17, rue des Bourdonnais.	3, place des Victoires.
Vᵉ MARTIN-RENOUARD,	17, rue des Bourdonnais.	1, boulevart des Italiens.
CHAMERLAT, fils,	108, rue Montorgueil.	4, rue de Trévise.
CHAMERLAT-SABRAN,	9, rue Neuve-Saint-Eustache.	21, boulevart Bonne-Nouvelle.
GRASSEPAIN-BIZET,	26, rue du Petit-Pont.	164, rue Montmartre.
LEFÈVRE,	38, rue de l'Echiquier.	26, rue Bleue.
OULMAN,	11, rue du Sentier.	3, rue de Choiseul.
POREAUX,	30, rue Neuve-Saint-Eustache.	8, rue Richelieu.
RICHARD, V.,	Piliers des Halles.	8, rue Richelieu.
AUGÉ-RAVINET ou ROY,	Piliers des Halles.	8, rue Richelieu.
CHAPLAIN,	18, rue Mauconseil.	18, rue Neuve-Saint-Eustache.
CHARANSONNEY et GRANIER,	17, rue des Mauvaises-Paroles.	36, rue de Cléry.
DESCHAMPS, frères,	160, rue Saint-Denis.	2 bis, rue Vivienne.
FESSART, Charles jeune,	110, rue Saint-Honoré.	11, rue Vivienne.
GIRAUD-ROUSSELET,	12, rue des Bourdonnais.	41, rue Croix-des-Petits-Champs.
BENNECART, jeune,	14, rue Thévenot.	5, rue Neuve-Saint-Eustache.
LECONTE et MAUPPIN,	20, rue Béthisy.	52, rue Croix-des-Petits-Champs.
LEDREUX, Charles,	120, rue Saint-Denis.	4, rue Vivienne.
LEHUÉDÉ, Jules,	203, rue Saint-Denis.	9, rue Vivienne.
LEVESQUE,	6, rue des Déchargeurs.	18, rue du Mail.
LHOMME et comp.,	13, rue des Bourdonnais.	6, rue des Fossés-Montmartre.
MARBEAU, aîné,	1, rue Boucher.	18, rue des Fossés-Montmartre.
MARBEAU, Désiré,	8, rue des Bourdonnais.	8, rue de la Vrillière.
MULLOT et comp.,	20, rue des Mauvaises-Paroles.	11, rue des Fossés-Montmartre.
PONSIN et AUBRÉE,	18, rue des Fossés-Saint-Germain-l'Auxerrois.	27, rue des Fossés-Montmartre.
ROMAND,	3, rue Cloître-St-Jacq.-l'Hôpital.	128, rue Montmartre.
TAVERNIER et comp.,	14, rue de Grenelle-Saint-Honoré.	5, place des Victoires.

www.ingramcontent.com/pod-product-compliance
Lightning Source LLC
Chambersburg PA
CBHW070243100426
42743CB00011B/2104